民國歷史與文化研究

八　編

第 **4** 冊

民國政府西北民族政策研究（上）

郭　勝　利　著

花木蘭文化事業有限公司

國家圖書館出版品預行編目資料

民國政府西北民族政策研究（上）／郭勝利 著 — 初版 — 新
北市：花木蘭文化事業有限公司，2018〔民107〕
目 2+164 面；19×26 公分
（民國歷史與文化研究 八編；第4冊）
ISBN 978-986-485-494-3（精裝）
1. 民族政策 2. 民國史
628.08   107011557

ISBN-978-986-485-494-3

9 789864 854943

民國歷史與文化研究
八 編 第四冊   ISBN：978-986-485-494-3

民國政府西北民族政策研究（上）

作　　者	郭勝利
總 編 輯	杜潔祥
副總編輯	楊嘉樂
編　　輯	許郁翎、王 筑　美術編輯　陳逸婷
出　　版	花木蘭文化事業有限公司
發 行 人	高小娟
聯絡地址	235 新北市中和區中安街七二號十三樓
	電話：02-2923-1455／傳眞：02-2923-1452
網　　址	http://www.huamulan.tw 信箱 hml 810518@gmail.com
印　　刷	普羅文化出版廣告事業
初　　版	2018 年 9 月
全書字數	280839 字
定　　價	八編 10 冊（精裝）台幣 18,000 元

民國政府西北民族政策研究(上)

郭勝利 著

作者簡介

郭勝利（1974～），男，漢族，河南省洛陽人，河南大學民族研究所副教授，碩士生導師。民族
學博士，2010 年畢業於蘭州大學西北少數民族研究中心，主要研究方向爲中國近代少數民族史。

提　　要

　　民國政府西北民族政策是民國政府民族政策的重要組成部分，是民國時期西北地區的政治、
經濟、文化、民族宗教、國內外關係等的產物，它的制定和實施對民國時期的西北局勢產生了
重大影響。本文在此通過對民國政府西北民族政策的形成、發展和完善過程做一系統梳理，透
過民國政府西北民族政策的演變，對民國政府的西北民族政策做一分析總結。

　　民國政府的西北民族政策按照歷史發展脈絡，可分爲北洋政府時期和國民政府時期；按照
其自身發展過程，又可分爲初步形成、緩慢發展、漸次完善三個階段。在整個歷史發展中上承
清制，下啓中華人民共和國。其在實施過程中，又受到不同地理環境及政治環境的制約，在不
同時期、不同地域又表現出不同的特點及結果，這些因素最終又反過來影響著民國政府西北民
族政策的演變。

　　國民政府成立後，對民國初年的民族政策進行了進一步完善，確立了西北民族宗教政策、
民族文化政策、民族經濟政策，並且通過對西北政治統治的加強與完善以改進西北民族政策實
施。但是無論是其政治政策還是民族政策，均受到了來自於西北地方的利用和挑戰，在中央與
地方相互衝突的過程中，國民政府不得不對其西北民族政策進行不斷地調整，以期達到緩和矛
盾、綏靖地方、穩定邊疆的目的，從而最終形成了國民政府的西北民族政策。

目
次

緒　論

一、概念的界定

（一）學界之西北

西北之界定，民國時期尙無定論，學界之中亦是眾說紛紜，其中主要有以下諸種：

陳正祥：西北應指賀蘭山、陰山與興安嶺以西，烏鞘嶺、祁連山、阿爾金山與崑崙山以北的地區而言。包括新疆與蒙古的全部，甘肅河西走廊，寧夏的大部，綏遠和察哈爾的北部。〔註1〕張光祖：方位上的西北係以涼州爲中心，把全國劃分爲四部，西北一角，包括陝甘、新疆、青海、寧夏及蒙古，歷史上的西北則以本部十八省爲準，單指陝甘寧青而言。〔註2〕朱偰春：西北是個概括的名詞，依自然地理學上的劃分，應該包括山陝高原（山西及陝西北部）、隴南高原（甘肅青海大部）、蒙新高原（內外蒙古和新疆）……爲便於敘述，我們……根據現行的行政區域則爲綏遠、陝西、甘肅、寧夏、青海和新疆六省。〔註3〕劉家駒：西北的區域，包括新、甘、寧夏、青海、綏、察、陝，更及西藏、西康等省。〔註4〕戴季陶：西北就是甘肅、寧夏、青海、陝西、

〔註1〕陳正祥：《西北區域地理》，上海：商務印書館，1948年，第1頁。
〔註2〕張光祖：《開發西北應先建設甘肅》，《西北問題論叢》（第2輯），1942年12月。
〔註3〕朱偰春：《我們的西北》，重慶：國民圖書出版社，1943年，第5頁。
〔註4〕劉家駒：《開發西北者應該怎樣準備》，《開發西北》第一卷，第二期。

新疆和蒙古等處。〔註5〕目前一般人所謂西北，大都是指中國腹地，顧名思義西北二字，應該是西北的邊區，現在差不多以潼關以內的地方，統統叫做西北。其實在歷史上陝西、河西一帶，都是中國的中原，從地圖上看去，也是在當中，至少要甘肅以西，才能算是西北。〔註6〕馬鶴天：西北包括蒙古、新疆、青海及甘肅、寧夏、綏遠諸部。〔註7〕劉鎮華：本案所指西北，包括陝西、甘肅、寧夏、青海、新疆五省。〔註8〕黃幕松：近西北爲甘肅、陝西、青海、寧夏、綏遠五省，遠西北爲外蒙古、唐努烏梁海、科布多、新疆、西康、西藏，外西北爲自新疆以西以至於中亞細亞之一部。〔註9〕尹任先：西北二字，有狹義與廣義之分，狹義言之，即昔日稱爲內蒙古，今日稱爲熱河、察哈爾、綏遠之三特別區是也。以廣義言之，若外蒙古、甘肅、新疆、青海等處，均偏在西北一隅，故亦屬西北範圍。〔註10〕時伯齊認爲：西北區域，以陝、甘、青、察、綏、寧、新、康及西藏蒙古爲範圍，〔註11〕王光璋認爲：遠邊西北，應指外蒙、科布多、唐努烏梁海及新疆而言，近邊西北，則指綏遠、寧夏、甘肅、青海及陝西西北部而言，〔註12〕另外在民國時期一批有關西北之著述中，對於西北之表述亦各有不同。《海外代表團西北考察日記》述及範圍爲豫、陝，顧頡剛在《西北考察日記》中述及陝、甘、寧、青、綏、川，徐盈在《抗戰中的西北》述及陝、甘、寧、青、新，《西北建設考察團報告》述及陝、甘、寧、青、新，周開慶在《西北剪影》中述及甘、寧、青、新、綏，易君左在《西北壯遊》中述及陝、甘、寧、青、新，金惠在《西北行》中述及甘、寧、

〔註5〕 戴季陶：《開發西北工作制起點》，中國國民黨中央黨史委員會：《革命文獻》，第88輯，臺北：中央文物供應社，1981年，第19頁。

〔註6〕 戴季陶：《西北救災興業之起點》，中國國民黨中央黨史委員會：《革命文獻》，第88輯，臺北：中央文物供應社，1981年，第93頁。

〔註7〕 馬鶴天：《開發西北之步驟與方法》，中國國民黨中央黨史委員會：《革命文獻》，第89輯，臺北：中央文物供應社，1981年，第142頁。

〔註8〕 劉鎮華：《開發西北計劃書》，中國國民黨中央黨史委員會：《革命文獻》，第89輯，臺北：中央文物供應社，1981年，第162頁。

〔註9〕 黃幕松：《西北文物展覽會與開發西北》，中國國民黨中央黨史委員會：《革命文獻》，第88輯，臺北：中央文物供應社，1981年，第185～186頁。

〔註10〕 尹任先：《西北概況》，《革命文獻》，中國國民黨中央黨史委員會：《革命文獻》，第88輯，臺北：中央文物供應社，1981年，第215頁。

〔註11〕 時伯齊：《開發西北與建設問題》，中國國民黨中央黨史委員會：《革命文獻》，第89輯，臺北：中央文物供應社，1981年，第219頁。

〔註12〕 王光璋：《西北移民應有之地理認識》，《革命文獻》，中國國民黨中央黨史委員會：《革命文獻》，第88輯，臺北：中央文物供應社，1981年，第400頁。

青新、綏。

（二）政治之西北

　　西北一詞的內涵與外延，自清末以來並無官方特定範圍，有學者認為：「吾國向於西北政治上頗有建樹，視為重鎮要害，而設專官於其地者，有曰盛京、曰吉林、曰黑龍江、曰琿春、曰三姓、曰寧古塔、曰伯都訥、曰呼倫貝爾、曰庫倫、曰烏里雅蘇臺、曰科布多、曰塔爾巴哈臺、曰伊犁、曰西藏」。〔註13〕

　　在這裡，西北係指中國西部與北部的陸地邊疆地區。民國以來，陝甘等省在世人的言論中常常包括在「西北」以內，譬如1924年舉行的全國實業代表會議，在其關於籌辦西北墾牧業的議案中說：「蓋西北一帶，如陝、甘，如接壤之蒙古、新疆、青海等地，一望無垠」。〔註14〕20世紀30年代以後，因蒙古等地事實上已脫離中央政府的管轄，一般國人所稱的「西北」，其範圍大為縮小，不少人以所謂「遠西北」與「近西北」之說來界定西北範圍。「遠西北」一般指西藏、新疆、蒙古等與鄰國接壤的地區，「近西北」則包括陝西、甘肅、寧夏、青海、綏遠等省。

　　抗戰以來，「西北」專指陝、甘、寧、青、新五省的傾向愈益明顯，這些從當時國民政府頒發的文件之中可以清楚地觀察到。不過，在整個國民政府統治時期，並沒有對西北作出明確的、統一的規定，1934年，戴季陶對此提出不同的看法：「目前一般人所謂西北，大都是指中國腹地，顧名思義，「西北」二字，應該是西北的邊區，現在差不多以潼關以內的地方，統統叫做西北，其實在歷史上，陝西、河南一帶都是中國的中原，從地圖上看去，也是在當中，至少要甘肅以西，才能叫做西北，不過這一帶地方，因為多少年來，只有破壞，而無建設，文化的衰落，的確同邊地一樣，經濟情形，也是如此」。〔註15〕由此可見，除了地理因素，當時國人常從社會經濟與文化發展的角度，界定西北的範圍。但是不管民國以來的西北所指範圍有何變故，一般都包括

〔註13〕《國家今日急宜經營西北說》，《東方雜誌》第五年第六號，光緒三十四年六月三十五日，第309～310頁。

〔註14〕《全國實業代表會議關於籌辦西北墾牧業議案》，中國第二歷史檔案館：《中華民國史檔案資料彙編第三輯農商（一）》，南京：江蘇古籍出版社，1991年，第569頁。

〔註15〕戴季陶，《西北救災與興業的起點》，中國國民黨中央黨史委員會：《革命文獻》，第88輯，臺北：中央文物供應社，1981年，第93頁。

了甘寧青新在內。雖然民國時期所言西北者多指的西北是陝西、甘肅、寧夏、綏遠、青海、新疆各行省全省以及外蒙古西部，唐努烏梁海、科布多、阿爾泰等處。〔註16〕其面積約占全國面積的三分之一，〔註17〕人口不足全國的 5%，〔註18〕是一個地廣人稀，資源豐富，戰略地位及其重要的地區。

從歷史的發展而觀，西北地區是一個廣闊的地域範圍，從清朝到民國，由於疆域的大變動，西北的地理概念也隨之改變。所以本課題選擇的是民國政府時期的西北，主要的研究範圍包括甘肅、青海、寧夏、阿拉善蒙古、新疆。在時間段上訖清朝末年，下至中華人民共和國成立。

（三）政策之內涵。關於民族政策之內涵，國內外諸多學者從不同層面、深度做出了不同的見解。金炳鎬認為：民族政策是協調民族關係，調控民族發展方面採取的措施、規定等的總和。〔註19〕民族的平等、自治、發展，是民族政策的根本立場、根本宗旨，民族發展是民族政策的主題、主旨。〔註20〕也有的研究者認為，廣義的民族政策是指在民族工作中必須遵循的大政方針；狹義的民族政策是指對涉及少數民族權益的某一方面作出的具體的政策規定，用以規範民族工作。〔註21〕余梓東認為：民族政策之政治主體為規範或引導特定集團或個人對待和處理民族問題、調控族際關係態度、行為準則以及執行這些準則的策略，體現了政治主體在處理民族問題、調整族際關係方面的意志和利益，具有政治性、民族性、社會性、實用性諸特徵，可分為不同的性質和類型。〔註22〕李紅傑認為：「民族政策」就是政府就民族問題而制定的各種方針策略，包括與民族問題有關的體現在立法機關和政府機構各種文件中，如決定、決議中的原則、方針等。〔註23〕

〔註16〕《開發西北計劃大綱》，《中華民國史檔案資料彙編第五輯第一編政治（二）》，南京：江蘇古籍出版社，1991 年，第 391 頁。

〔註17〕壽昌：《西北建設的前提——鐵道政策》，載《建國月刊》，1936 年第十四卷，第二期。

〔註18〕胡煥庸：《中國人口之分佈》，載《地理學報》，1935 年第二卷，第二期。

〔註19〕金炳鎬：《民族理論通論》，北京：中央民族大學出版社，1994 年，第 359 頁。

〔註20〕金炳鎬：《民族理論通論》，北京：中央民族大學出版社，1994 年，第 378 頁。

〔註21〕彭謙、廉克訓：《淺談民族政策與民族工作》，《黑龍江民族叢刊》，1997 年第 4 期。

〔註22〕余梓東：《「民族政策」定義推究》，《內蒙古社會科學》，1996 年第 3 期。

〔註23〕李紅傑：《也談民族政策的幾個理論問題》，《中央民族大學學報》，1995 年第 4 期。

「民族政策」是政黨（尤其是執政黨）、國家機關及其他政治團體在一定時期爲實現或服務於一定政治、經濟、文化、社會目標所採取的政治行爲或規定等的準則，是爲民族發展、協調民族關係採取的一系列相關法令、法規、措施、辦法、方法、條例等的總和。其具有特定的主體、明確的目標取向、完整的行動過程。其制定、執行及執行結果都是爲了解決一定的社會問題，這其中有時不單單是民族地區的問題。它是國家在處理民族問題、改善民族關係、辦理民族事務的重要依據，是國家意志的一種體現。〔註24〕

對於民國政府之西北民族政策研究，與民國時期的邊疆政策研究在範圍上應有所不同。其主要是民國政府成立之後，一直致力於內部事務，先是軍閥混戰，繼而南北紛爭，國民政府成立後又面臨著外敵入侵，內戰不休。所以說對於西北民族政策的制定及實施，民國政府更多的是出於國防安全及建設問題考慮，雖然說在民國政府的施政綱領之中不乏針對西北蒙藏等民族問題的政策措施，但是具體到西北民族地區民族問題上卻是缺少具體微觀之政略。其次就民國政府時期民族政策之主導思想而論，民國政府時期大力倡導國族觀念，遵循的是民族平等、自治之下的民族融合政策。因此在民國政府時期，無論是中央政府，亦或是學術研究，都是在這一原則之下進行。其在邊疆問題之上更多的強調民族與國家之間的共性共融問題，強調的是邊疆政策，把民族政策融入到邊疆政策之中。因此在民國政府西北民族政策研究過程之中，既要認識到時代不同，人們對於同一概念的不同闡釋，又要根據當時民國政府所處的國內外環境，對民國政府的西北民族政策進行具體的分析。

二、選題緣起及其意義

民族問題是社會問題的一部分，在我國這個多民族國家裏，民族政策也是國家整體政策中不可或缺的成分，貫穿於國家經濟文化、社會生活的方方面面。對於民族政策的研究，有助於對民族地區政治體制運行機制的認識，從而把握其中的規律，爲今後民族地區長足的發展奠定理論基礎。

清末民初，整個中國處於內憂外患之中，形成了外重內輕的局面，再加上外在力量的干擾，整個中國的邊疆地區呈現出嚴重的危機局面。但是，在這種嚴峻的形勢下，西北地區並沒有形成眞正意義上的割據局面，在國家積

〔註24〕金炳鎬：《民族理論通論》，北京：中央民族大學出版社，1994 年，第 458 頁。

貧積弱的情況下，是什麼維持了這樣的一種政治格局，當然，這與中華民族歷史上形成的民族凝聚力有著很大的關係。但是我們不可否認，清末以至民初的正確的民族政策，對於維持這種政治局面的重大作用。在今天新的歷史條件下，國家構建和諧社會，促進西部發展。而和諧和發展的前提就是要維護好西北地區的穩定，只有在穩定的條件下，我們才可能集中力量發展民族地區經濟，保持西部地區的繁榮穩定。因此，研究西北地區的民族政策，上可知古，下可鑒今，對於我們完善西部民族政策，切實保證民族地區的繁榮穩定，構建西部和諧社會有著積極的意義。

民國西北史是中國近現代史、中華民國歷史的一個重要組成部分，但是由於地理和歷史的原因，過去對於甘寧青新地區的研究相對薄弱。民國時期，也只是由於外患日重，國人才開始注意西北問題，並開始出現了一大批學術著作。在當時風雨飄搖之中，西北地區還能保持相對安穩的政治局面，還能被視為抗戰建國之根本，除了地域因素之外，還與當時民國政府的一系列民族政策有關。正是這些措施使得西北地區舊有的運行機制得以維持，社會在動盪之中得到緩慢的發展。而這些成就的取得，與民國政府的政策不無關係，但作為邊疆民族地區的政策，其內在具有不同於非民族地區的獨特之處，對於這些特殊部分的研究，從中可以發現民國政府的西北民族政策。

三、研究資料及研究現狀

（一）研究資料之分佈

民國時期邊疆民族政策的資料，極為廣泛，隨著後人的不斷整理和挖掘，以及各種交流渠道的通暢，以前一些鮮為人所接觸的資料也逐步進入人們的研究視野。各類有關的資料，在本文中將都會有所涉及。因此在此有必要先把有關民國時期的有關西北地區的民族政策的史料加以梳理。

1、政府檔案史料。政府檔案史料是中央和地方政府在政治、經濟、文化、教育、社會生活等諸多政府活動之中形成的第一手資料，是考察民國政府一系列政策法規的根本出發點，它最真實的向研究者還原事情的來龍去脈，揭示了事情背後的本質和規律。對於研究民國時期的學者而言，檔案史料的收集和利用，為我們研究當時的社會政治、經濟文化提供了方便有效的工具。

　　中國第二歷史檔案館《中華民國檔案資料彙編》，[註25]約三千萬字，按北洋政府、國民黨政府兩個時期的政治、軍事、經濟、財政金融、工礦業、農商等分冊編輯，收錄了許多關於西北地區民族事務的資料。民國時期的新疆檔案內容紛繁，它涵蓋了新疆主要統治者楊增新、金樹仁、盛世才等主政時期的施政方針及有關重要活動，是我們研究新疆民國歷史的第一手材料。其中不乏直接見證新疆重大歷史進程，揭示民國新疆社會變遷、政治制度變革、展現地方經濟，反映地區文化教育狀況等方面內容的珍貴檔案。其中主要包括以下幾類：新疆國民黨黨務檔案彙集（200 卷），新疆政務檔案彙集（13004 卷），新疆民政檔案彙集（1316 卷），新疆司法檔案彙集（6165 卷），新疆警務檔案彙集（4649 卷），新疆社團檔案彙集（669 卷），新疆軍事檔案彙集（2404 卷），新疆外事檔案彙集（3186 卷），新疆財政檔案彙集（6878 卷），新疆建工檔案彙集（1061 卷），新疆交通檔案彙集（6256 卷），新疆文教檔案彙集（2163 卷），新疆特別事務檔案彙集（185 卷）。[註26]

　　2、叢書。由國家圖書館出版的《民國文獻資料叢編》，[註27]也是一套研究民國時期西北民族政策不可多得的叢書。叢書共有民國邊政史料彙編（馬大正主編）30 冊，民國鐵路沿線經濟調查報告彙編（殷夢霞、李強主編）15 冊，中國近代經濟史研究集刊（陶孟和等主編）4 冊，食貨志彙編（松崎鶴雄主編）2 冊，其中的邊政史料彙編收錄了蒙藏院及蒙藏委員會相關史料、民國時期的重要期刊，學者的有關邊事、邊政、邊疆地理人文的相關著述以及調查報告，涉及內蒙、西藏、新疆、寧夏、雲南等省相關的外交問題、勘界報告、領土爭端、會議記錄、行政人員名錄、見聞錄、研究專著等，是為研究民國時期西北邊政情況必需之資料。另外還有全國圖書館文獻微縮複製中心出版的《民國邊事文獻彙編》（全 20 冊），[註28]叢書彙集了民國時期有關邊事的期刊文獻，內容包括時人論著、邊情記述、邊疆消息，反映了我國東北、西北、西南地區的政治、經濟、邊防、邊疆政策、民族論叢、邊疆沿革考、

〔註25〕　中國第二歷史檔案館編：《中華民國檔案資料彙編》，南京：江蘇古籍出版社，1979 年。

〔註26〕　劉湘娟：《新疆檔案館館藏民國檔案概況及重要檔案簡介》，《民國檔案》，2006年第 4 期。

〔註27〕　馬大正等主編：《民國文獻資料叢編》，北京：國家圖書出版社，2009 年。

〔註28〕　全國圖書館文獻微縮複製中心：《民國邊事文獻彙編》，北京：全國圖書館文獻微縮複製中心，2006 年。

述聞、人物志、文化考略、宗教、民俗風情等，與《民國文獻資料叢編》互為印證補充。

對於民國時期的法規政策，20 世紀 90 年代以後，相繼一批著書面世，其中最為代表的是蔡鴻源主編的《民國法規集成》（全 100 冊），[註29] 內容包括了中華民國軍政府、南京臨時政府及「南京政府」法規，中華民國政府（北京）法規，中華民國國民政府及總統府法規，中華蘇維埃工農民主政府法規和新民主主義革命根據地法規，偽滿洲國及偽「南京政府」法規。對於研究民國時期民族政策及邊疆政策，叢書中收錄了一批相關的政策法規，通過這些政策法規，從中可以窺出民國政府西北地區的邊疆及民族政策。

另外還有張羽新教授主編，學苑出版社整理編輯的漢文歷史文獻叢書《民國藏事史料彙編》，[註30] 共收錄有關蒙藏的官方文獻、私家著述等各種史料120 餘種。民國時期有關藏事的政府工文秘檔、專家論著、社會調查、報刊資料等都有涉及。其中也有不少關於甘青藏事方面的文獻資料。《中國西北文獻叢書》是一部關於西北地區的多學科的綜合性歷史資料彙編。[註31] 叢書按照八個學術專輯分類則編：《西北稀見方志文獻》，主要收錄 1949 年以前西北各地修編的通志、縣志、廳志、縣丞志等 109 種，集中反映了西北歷代方志之精華；第二輯《西北稀見叢書文獻》，本輯收入清代至民國年間西北地區有代表性的四部稀見叢書，集中了周至秦至民國西北地區的大批重要著作，共184 種，組編為 12 冊。《西北稀見叢書文獻》專輯，內容豐富，編研精細，具有突出的地方特色和很高的學術價值；第三輯《西北史地文獻》，主要收入西北地區的歷史、地理、人物、年譜、家譜、古西行記和西夏史籍等，共百餘種，組編為 41 冊·其中有一批珍貴的稿抄本是研究中國西北問題不可多得的資料；第四輯《西北民俗文獻》，收錄了一批反映中國西北民俗的重要歷史文獻，如風土記、見聞錄、禮俗志、採訪記、遊記隨筆等，共 52 種，組編為 26冊。其中有一部分是首次刊印的稿本。這批珍貴的歷史文獻，為研究民國時期西北民族地區社會提供了珍貴的史料。

3、政府公報。對於上述叢書的記載，其不足之處還可從《北洋政府公

[註29] 蔡鴻源主編：《民國法規集成》，合肥：黃山書社，1999 年。
[註30] 張羽新：《民國藏事史料彙編》，北京：學苑出版社，2005 年。
[註31] 甘肅省古籍文獻整理編譯中心：《中國西北文獻叢書》，蘭州：蘭州古籍出版社，2008 年。

報》、《國民政府公報》、《甘肅省政府公報》、《青海省政府公報》、《寧夏省政府公報》、《新疆政府公報》中補缺。這些政府公報詳細記載了當時社會的政治經濟變動以及政策法規的制定，在一定程度上可補上述資料的或缺。

4、筆記。民國時期的筆記也是研究民國時期西北民族政策的必不可少的書籍。在此類史料之中，有許多原本即為歷史當事人的著作，其中貫穿了特定時期的政治、經濟、文化等方面的治國理念及思想，並且影響到當時的政治。有的是當事人筆記之類，詳細地記述了當時歷史發展的真實面貌，因此是為研究民國時期西北民族政策不可或缺的珍貴史料。

5、地方志史料。地方志全面記載了各地的山川地理、行政建制、人口物產、市場交通、社會風俗、民族宗教等。其中的記載可以補正史之不足，對於研究民國時期西北地區的民族宗教政策有一定的作用。它包括各省的省志、縣志等。

6、報刊。民國時期的有關西北的刊物，大致可以分為四類：

20 世紀三四十年代國內學術團體創辦的有關西北的期刊，諸如《開發西北》、《西北問題季刊》、《西北評論》、《西北通訊》、《東方雜誌》等，這些因為邊疆危機、國民政府倡導西北建設、大多以西北命名的刊物，實際上多以整個陸地邊疆為研究對象，其中對甘寧青新多有所論及。

甘寧青新地區赴省外求學學子所創辦的一批刊物，諸如《隴鐸》、《隴風》、《隴衡》、《隴南卯鈴》《新青海》等。此類刊物的編者因利害攸關，知之甚深，加以域外經歷拓寬了視野，發文大多中肯時弊，故彌足珍貴，可惜留存不多，搜求不易。

西北各省政府機關和學術團體所創辦的刊物，如《新西北》、《新寧夏》、《新甘肅》、《現代西北》等。

其他報刊。國民政府雖然實行新聞輿論鉗制政策，但是當時針對史實的真實報導還是不少，從這些片段的報刊文載之中，或多或少的反映著某一事情發展的來龍去脈，透過這些，人們還能看到這些歷史事件的本質所在，使研究者置身於當時的歷史情境之中。這些報刊諸如《中央日報》、《申報》、《青海民國日報》等。

7、文史資料。文史資料一般包括政治、經濟、軍事、文化、教育、民族、宗教等社會諸多方面，以及歷史人物和其他歷史資料。文章的作者大都是各個時期重要歷史事件的當事者或見證人，他們所撰書的往往是旁人難以

瞭解真實內幕、細節和歷史背景，通過他們，人們可以看到歷史的真跡，事情的真相，在一定程度上彌補了史志之略。本文主要使用的是《文史資料選輯》、《甘肅文史資料》、《寧夏文史資料》、《青海文史資料》、《新疆文史資料》《阿拉善文史資料》等。本文主要涉及到的回憶性資料包括民國時期曾主政西北地區的政府官員以及地方人士的回憶錄。儘管由於時代的局限，作者對於事件本身或者人物思想的評說不盡相同，但為我們提供的歷史事實大多還是可信的，通過他們的回憶也為我們勾勒出當時西北社會的概況，對於我們研究當時民國政府的民族政策極有參考價值。這一類的資料諸如《張治中回憶錄》〔註32〕、《新疆五十年》〔註33〕、《馬少雲回憶錄》〔註34〕、《寧夏三馬》〔註35〕、《馬步芳家族統治青海四十年》〔註36〕、《十年來寧夏省政述要》〔註37〕等。

（二）研究狀況

1、建國前後之研究狀況

民國時期，西北地區長期動盪不安，「九・一八」之後，西北國防意義日漸凸現，時人開始關注西北，並且出現了一大批到西北實地考察的學者。他們為後人留下了難得的第一手資料，他們從不同角度記錄了民國政府在西北地區的政治、經濟、軍事、外交、文化、社會等社會各個方面，為後人研究當時的社會開啟了另一條途徑。這一類著作主要有：

經濟方面：張人鑒《開發西北實業計劃》，〔註38〕艾雷貝《西北建設論》，〔註39〕張之毅《新疆之經濟》，〔註40〕王樹基《甘肅之工業》，〔註41〕寧夏省政府秘書處《寧夏省政府行政報告》。〔註42〕政治方面：張其昀《西北問題》，

〔註32〕張治中：《張治中回憶錄》，北京：中國文史出版社，1985年。
〔註33〕包爾漢：《新疆五十年》，北京：文史資料出版社，1984年。
〔註34〕馬鴻逵：《馬少雲回憶錄》，臺北：龍文出版社股份有限公司，1994年。
〔註35〕寧夏回族自治區政協文史資料委員會：《寧夏三馬》，北京：中國文史出版社，1988年。
〔註36〕陳秉淵：《馬步芳家族統治青海四十年》，西寧：青海人民出版社，1981年。
〔註37〕寧夏省政府秘書處：《十年來寧夏省政述要》，銀川：寧夏人民出版社，1988年。
〔註38〕張人鑒：《開發西北實業計劃》，北平：北平出版社，1934年。
〔註39〕艾雷貝著，陳彝壽譯：《西北建設論》，上海：商務印書館，1939年。
〔註40〕張之毅：《新疆之經濟》，上海：中華書局，1944年。
〔註41〕王樹基：《甘肅之工業》，蘭州：甘肅省銀行總行，1944年。
〔註42〕寧夏省政府秘書處：《寧夏省政府行政報告》，寧夏省政府秘書處，1935年。

〔註 43〕馬鴻亮《西北國防問題》，〔註 44〕蔣君章《新疆經營論》，〔註 45〕徐蘇靈《新疆內幕》。〔註 46〕社會方面：周開慶《西北剪影》，〔註 47〕張明揚《到西北來》，〔註 48〕顧執中、陸詒《到青海去》，〔註 49〕盧前《新疆見聞》，〔註 50〕謝彬《新疆遊記》，〔註 51〕許崇灝《新疆志略》，〔註 52〕蒙藏委員會調查室《青海玉樹囊謙稱多三縣調查報告書》，〔註 53〕王志文《甘肅省西南部邊區考察日記》（甘肅省銀行經濟室）。〔註 54〕

解放以後，民國時期西北研究，逐步取得了一些成果，一些通史性著作如《寧夏近代歷史紀年》〔註 55〕、《青海歷史紀要》〔註 56〕、《甘肅省志》〔註 57〕、《新疆風暴七十年》〔註 58〕等相繼問世。之後，甘、寧、青、新四省學者先後完成了《甘肅近現代史》〔註 59〕、《寧夏通史》〔註 60〕、《青海通史》〔註 61〕、《甘肅藏族通史》〔註 62〕《新疆簡史》〔註 63〕、《新疆三區革命大事記》等歷史著作，〔註 64〕把民國時期的西北歷史研究推到了一個新的高度。

〔註 43〕張其昀、任美鍔、盧溫甫：《西北問題》，成都：成都出版社，1943 年。

〔註 44〕馬鴻亮：《西北國防問題》，上海：上海經緯書局，1936 年。

〔註 45〕蔣君章：《新疆經營論》，南京：正中書局，1936 年。

〔註 46〕徐蘇靈：《新疆內幕》，亞洲圖書社，1945 年。

〔註 47〕周開慶：《西北剪影》，臺北：臺灣商務印書館，1972 年。

〔註 48〕張明揚：《到西北來》，上海：商務印書館，1937 年。

〔註 49〕顧執中、陸詒：《到青海去》，上海：商務印書館，1934 年。

〔註 50〕盧前：《新疆見聞》，中央日報社，1947 年。

〔註 51〕謝彬：《新疆遊記》，上海：中華書局，1929 年。

〔註 52〕許崇灝：《新疆志略》，南京：正中書局，1945 年。

〔註 53〕蒙藏委員會調查室：《青海玉樹囊謙稱多三縣調查報告書》，1944 年。馬大正：《民國邊政史料彙編》，第 17 編，國家圖書館出版，2009 年。

〔註 54〕王志文：《甘肅省西南部邊區考察日記》，甘肅省銀行經濟室，1942 年。

〔註 55〕吳忠禮：《寧夏近代歷史紀年》，銀川：寧夏人民出版社，1987 年。

〔註 56〕青海省志編纂委員會：《青海歷史紀要》，西寧：青海人民出版社，1987 年。

〔註 57〕甘肅省志編纂委員會：《甘肅省志大事記》，第二卷，蘭州：甘肅人民出版社，1989 年。

〔註 58〕張大軍：《新疆風暴七十年》，臺北：蘭溪出版社出版，1980 年。

〔註 59〕丁煥章：《甘肅近現代史》，蘭州：蘭州大學出版社，1989 年。

〔註 60〕陳育寧：《寧夏通史〈近現代卷〉》，銀川：寧夏人民出版社，1993 年。

〔註 61〕崔永紅：《青海通史》，西寧：青海人民出版社，1999 年。

〔註 62〕洲塔：《甘肅藏族通史》，西寧：青海人民出版社，2004 年。

〔註 63〕新疆社科院歷史研究所：《新疆簡史》，烏魯木齊：新疆人民出版社，1979 年。

〔註 64〕新疆三區革命史編纂委員會編：《新疆三區革命大事記》，烏魯木齊：新疆人民出版社，1994 年。

對於民國時期民族政策的研究，涉及到民國時期的政治、經濟、文化、民族宗教等諸多方面。近些年來隨著學術思想的進一步解放，學術界對於這一專題的研究收穫頗豐，其中也不乏名家力作，本文在此所關注的是民國時期針對西北地區的民族政策，因此，就必須先對這一時期總體的研究現狀作一概述。

涉及民國時期的邊疆民族問題、民族關係和國民政府民族政策研究的主要成就：

楊建新先生的《中國少數民族通論》，〔註65〕該書系統地論述了中國少數民族族體、語言文字、傳統文化、民族關係、歷史疆域、民族宗教、文化演變、民族人物、民族遷徙、共創中華等諸多內容，是為研究中國少數民族中全面性的通論性著作。

張有雋、徐傑舜先生的《中國民族政策通論》，〔註66〕全書 45 萬餘字，分上中下三篇論述了中國歷代王朝的民族政策、中華民國時期的民族政策以及中華人民共和國時期的民族政策，將中國古代與現代民族政策融合在一起，系統地反映了中國從古到今民族政策發展演變。

楊策、彭武麟先生的《中國近代民族關係史》，〔註67〕書中在前者研究的基礎上增加了「清朝的民族事務管理制度」，「清末在民族地區的改革新政」，「北洋政府和國民政府的民族政策及其對邊疆民族事務的管理」等內容。

張植榮先生的《中國邊疆與民族問題》，〔註68〕該書從理論與實踐、歷史與現實兩個方面對中國邊疆與民族問題的由來以及全球化時代出現的新的邊疆與民族問題做了系統性的探索分析。

余振貴先生的《中國歷代政權與伊斯蘭教》，〔註69〕該書以時間先後順序闡述了唐代至民國時期各個歷史時期的伊斯蘭教及其與政治的關係，揭示了伊斯蘭教在我國社會發展史上的重要地位。

翁獨健先生的《中國民族關係史綱要》，〔註70〕該書共分五編，分別記述了從遠古時期到中華人民共和國成立之間中國民族關係的發展變化，突出了

〔註65〕 楊建新：《中國少數民族通論》，北京：民族出版社，2005 年。
〔註66〕 張有雋、徐傑舜《中國民族政策通論》，南寧：廣西教育出版社，1992 年。
〔註67〕 楊策、彭武麟：《中國近代民族關係史》，北京：中央民族大學出版社，1999 年。
〔註68〕 張植榮：《中國邊疆與民族問題》，北京：北京大學出版社，2005 年。
〔註69〕 余振貴：《中國歷代政權與伊斯蘭教》，銀川：寧夏出版社，1996 年。
〔註70〕 翁獨健：《中國民族關係史綱要》，北京：中國社會科學出版社，2001 年。

各民族共同創造祖國光輝歷史和燦爛文化的事實，並在前人研究的基礎上提出不少獨到的見解。

除了上述代表性著作之外，另外還有《中心與邊緣》〔註71〕、《中國民族政策之研究——以清末至 1945 年的「民族論」爲中心》〔註72〕、《中國的周邊——民族問題與國家》〔註73〕、《近代中國之種族觀念》〔註74〕、《民國時期的民族問題與民國政府的民族政策研究》等。〔註 75〕這些著作在宏觀和微觀層面，從不同的視角介紹和剖析了民國時期的民族政策，爲後人做進一步深入地研究打下了基礎。

對於民國時期的西北地區民族政策研究，近年來發表的論文也頗爲豐富，在這裡，我們僅就民國政府有關西北地區的民族政策、時人對西北地區的民族政治、經濟文化等加以總結說明。研究民國時期的西北民族政策，首先要掌握民國政府制定這些政策的指導思想，總體方針，只有先從整體上入手，才能眞正解讀民國政府西北民族政策的來龍去脈，把握這些政策的本質和出發點。民國政府的民族政策的基本出發點是以孫中山先生的三民主義爲本，對於孫中山民族思想的研究，主要涉及其民族思想、民族觀、宗教觀，其中具有代表性的有《孫中山的民族平等思想與民族發展》〔註76〕、《孫中山民族主義的種族理論》〔註77〕、《試析孫中山的民族主義與民族觀念》〔註78〕、《論孫中山的民族主義思想》〔註 79〕等。其次，對於民國政府對於西北地區

〔註71〕　劉進：《中心與邊緣》，天津：天津古籍出版社，2004 年。

〔註72〕　〔日〕松本眞澄，魯忠惠譯：《中國民族政策之研究——以清末至 1945 年的「民族論」爲中心》，北京：民族出版社，2003 年。

〔註73〕　〔日〕毛里合子：《中國的周邊——民族問題與國家》，東京：東京大學出版社，1998 年。

〔註74〕　〔英〕馮客，魯忠惠譯：《近代中國之種族觀念》，南京：江蘇人民出版社，1999 年。

〔註75〕　李國棟：《民國時期的民族問題與民國政府的民族政策研究》，北京：民族出版社，2007 年。

〔註76〕　鄭曉雲：《孫中山的民族平等思想與民族發展》，《雲南社會科學》，1997 年第 1 期。

〔註77〕　孟獎：《孫中山民族主義的種族理論》，《青海師範大學學報》，1998 年第 1 期。

〔註78〕　邱久榮：《試析孫中山的民族主義與民族觀念》，《史學月刊》，2002 年第 2 期。

〔註79〕　李小蓉：《論孫中山的民族主義思想》，《中南民族大學學報》，2003 年第 4 期。

民族政策的具體研究以及國民政府時期西北開發的研究，近些年來，也有許多成就：《南京國民政府宗教政策研究 1927～1937》〔註80〕、《國民黨政府的新疆政策述論》〔註81〕、《民國前期新疆治理研究》〔註82〕、《中華民國時期的邊疆觀念和治邊思想》〔註83〕等。

2、近年來臺灣方面研究之狀況

對於民國政府西北民族政策的研究，還應重視臺灣方面的研究成果。1949年之前，對於中國邊政的研究，其處於主導的地位，1949年之後，雖然國內政治發生了變化，但對於中國邊政問題的研究卻在臺灣一直延續了下來，並且在理論和方法上比較以前也有了大的突破。這期間要以蔣君章《中國邊疆與國防》，胡耐安《邊政通論》、《中國民族志》，林顯恩《邊政通論》、《中國邊政研究理論與方法》，劉義棠《中國邊疆民族史》為代表，在他們的著作當中依舊保持著傳統邊政研究的實質與內容。

20世紀70年代以來臺灣邊政研究取得了相當成果：第一，在理論研究方面，主要有胡耐安《邊政通論》、《邊疆宗教》，林顯恩《中國邊政通論》、《中國邊疆研究理論與方法》，周昆田《邊疆政策研究》，張興唐《邊疆政治》，張遐民《邊疆經濟》，李符桐《邊疆歷史》，蔣君章《中國邊疆與國防》，劉義棠《中國邊疆民族史》等。第二，在民族史研究方面，主要有林顯恩《國際中國邊疆學術會議論文集》，劉義棠《維吾爾研究》，李毓澍《外蒙古撤治問題》，呂秋文《中俄外蒙交涉始末》，姚大中《古代北西中國》，謝正觀《中國的邊疆開發與邊城規劃》，臺灣中國邊疆歷史語文學會編輯《新疆研究》，臺灣光復大陸研究院《新疆中俄國界研究》等。第三，在出版發行刊物方面，其主要成果有臺灣蒙藏委員會刊物《民族學報》，臺灣政治大學民族研究所《中國邊政》，〔註84〕林顯恩主編《近代中國邊疆研究論著目錄》等。

〔註80〕徐峰：《南京國民政府宗教政策研究 1927～1937》，山東師範大學碩士畢業論文。

〔註81〕黃建華：《國民黨政府的新疆政策述論》，《西北史地》，1994年第4期。

〔註82〕嵇雷：《民國前期新疆治理研究》，新疆大學碩士畢業論文。

〔註83〕方素梅：《中華民國時期的邊疆觀念和治邊思想》，《中南民族大學學報》，2008年第2期。

〔註84〕《中國邊政》，1963年創刊，40多年來，刊登了大量有關民國時期西北邊政文章，主要有：鄭壽彭《楊增新整飭新疆吏治》（2、3期）、《阿年可夫古城受懲創——邊疆俄患之一、之二、之三》（4、6、7期）、張韜《俄圖新疆始末》（36期）等，詳見吳楚克：《中國邊疆政治學》（中央民族大學出版社，2005

四、研究方法及研究難點

（一）研究方法

1、歷史學研究方法

文獻資料搜集法，搜集散失於民族地區以及現存於史籍中的文獻資料、實物資料、口碑資料等；

史料考證法，對搜集到的資料考證辨偽，挖掘其中有價值的資料；

史實考證，對於流傳於民族地區的口碑資料進行考證挖掘，以補正史，以備開發。

2、社會學研究方法

資料分析法，應用統計分析、模型分析對搜集到資料進行定量分析，應用比較法、類型法對資料進行定性分析；

其他社會學方法，諸如抽樣方法、統計分析方法等。

3、政治學研究方法

政治學歷史分析法，把民國時期西北民族政策置於當時之社會背景和歷史背景之下，從中對其按照不同脈絡進行分析，以找出其歷史現狀及變化規律；

經濟分析法，對於民國政府之西北民族政策的經濟基礎及其與政治之間的互動關係，進行分析，找出制約政策的制約因素；

制度研究法，利用民國時期的憲法、法律等正式文件、議會的議事日程和會議記錄等，從立法、司法、行政諸方面對民國時期西北民族政策進行系統分析；

政治系統分析法，通過民國時期西北民族問題及政府應對，從中對民國政府之西北民族政策進行動態化的分析。

（二）研究難點

近代有關西北方面的歷史資料浩如煙海，數量龐大，種類繁多，再加上時人及今人的研究成果，更可以說是難以詳述。但是要在這麼多的資料當中找到自己需要的史料，必須充分應運盡可能多的手段去搜集自己需要的。在處理文章所需資料的過程中，首先要充分運用文史工具書搜集。借助工具書

年）第 145～157 頁。

提供的線索，按圖索驥，有效而快捷地搜集到所需要的史料；然後再根據研究方向，將搜集到的史料分類排比，形成具體的分子目，充實到寫作之中；在研究民國西北民族政策時，發現書中提及相關線索，利用這些線索擴大範圍，搜索相關資料。對於搜集到的史料進行整理，辨別真偽，去偽存真，找到自己真正需要的史料。同時在接觸到的史料之中，有時一則歷史事件，多本史書記載不一，在研究之中，就要對此進行相關史料的校勘，利用它書進行校勘，從而發現歷史的真面目。

雖然說近代史料距離現代較近，但是作為歷史資料，由於編纂者受到的歷史和階級局限以及個人基礎基本素養的不同，一些偽史或謬誤被有意無意地保留在他們的著作當中，使得歷史記載與歷史事實之間存在著程度不同的背離關係，這就需要對其進行考證鑒別，透過現象看到歷史的本來面目。在處理文章史論關係中，採取以史為主，以史導論的方法，在具體章節當中，有時先史後論，有時史論結合，夾敘夾議，寓論於史，寓史於論。同時在研究經濟史的過程之中運用統計方法和計量方法，力爭做到清晰準確地說明問題。

從近些年對於民國時期的研究而觀，許多選題往往是側重於小中見大，選題範圍較小，時限集中，這樣的著作一般資料紮實，論證嚴密，小中見大，避免了大而籠統、大而不當的弊端。籠而統之的論述把握不好，很易陷入大而不實的誤區之中。因此，對於本選題而言，如何把握好這樣一個大的論題，充分運用好前人的研究成果和歷史資料，探索出民國政府時期西北民族政策的本質和規律，是一個較難把握問題。其次，從事史學研究，充分的挖掘和收集已有的資料也是一個基本的問題。民國時期的歷史資料，浩如煙海，這其中需要我們在平時學習研究之中認真地去挖掘梳理，這也是許多近代史研究中普遍存在的問題。

第一章 清朝末年的民族政策及西北局勢

　　清朝統一之後，根據「因俗而治」、「因地制宜」的方針，針對邊疆地區不同情況，設置了相應管理機構，制定與之相配套的管理措施。其治邊疆民族政策的總體指導思想爲「恩威並施」、「因俗而治」，對於西北邊疆民族地區也是以這一主導思想爲出發點，在蒙古地區實施盟旗制度，在新疆實施伯克制度，在甘邊地區實施千百戶制度和土司制度，根據不同地區的特點制定相應的民族政策，以期達到保境安民，維護國家統一的目的，因此對於晚清政府的西北民族政策，還要先從其治邊的基本方針政策入手，並進而對各個民族地區的具體政策進行詳細的分析研究，從中梳理出晚清時期西北民族政策的特點。

第一節　清朝的西北民族政策

　　我國自古以來就是一個多民族國家，疆域遼闊，人口眾多，民族複雜，各民族在長期的勞動過程中共同締造了我們偉大的國家。因此，民族關係的好壞，民族政策的制定都直接影響著國家的長治久安。只有制定出一套因地制宜、行之有效的邊疆民族政策，才能處理好各個民族之間的關係，保證國家的領土統一和邊疆地區的長治久安，歷代統治者在借鑒前朝統治經驗的基礎上，也清醒的認識到邊疆問題的重要性，因此他們深深的體會到「邊疆一

日不靖」〔註1〕「內地一日不安」〔註2〕的道理。作爲一個由少數民族建立的統一的多民族封建王朝，清朝建國以後，歷代統治者都以晚明教訓爲鑒，重新調整了治理邊疆的方針政策，針對邊疆地區推行「恩威並施」、「因俗而治」的基本方針。

「恩威並施」是歷代王朝對邊疆地區實行的傳統治理方針，作爲少數民族建立的統一的多民族國家，清朝統治者也繼承了這一傳統理邊政策。清朝統治者在總結歷代王朝統治經驗的基礎上，從維護其根本統治利益出發，對邊疆地區實施恩威並施、剿撫並用。即一方面對少數民族上層人士實行懷柔與籠絡，另一方面對邊疆民族地區的割據勢力和分裂行爲實施軍事鎮壓與征剿。「恩威並施」的基本方針，在清朝不同的發展階段，由於歷史環境的變化，其所偏重的方面也因之有所變化，有時表現爲恩威並施，有時表現爲偏之於恩，抑或偏之於威，儘管二者在不同時期表現有所不同，但無論怎樣偏離，都是圍繞著鞏固對邊疆地區的穩定而展開的，二者從總體而言是相輔相成、並行不悖的。

清朝初年，努爾哈赤在統一的過程中就採用了「恩威並行，順者以德服，逆者以兵臨」〔註3〕的方針。皇太極及其以後的順治、康熙、雍正時期，在治邊思想上基本承襲了太祖的方針，不過在這一時期，出於統一國家，穩定邊防的需要，在恩威並施上偏之於恩。特別是在處理邊疆民族地區之時，採取了「以威懾之，不如以德懷之」，〔註4〕「以力服人，不如令人衷心悅服之爲貴也」。〔註5〕到了康熙時期，國家外臨沙俄侵邊，內有三藩之亂，西有噶爾丹東犯，因此，在其廷訓之中明確表示「盛代聲施赫濯，無遠弗屆，遐方屬國共效享王，務在弘宣德化，以盡懷柔之道」，〔註6〕聲稱「畏威與懷德較，則懷德爲上」。〔註7〕到了乾隆、嘉慶、道光時期，清政府對邊疆地區仍然採取恩威並施的方針，但在前人的基礎上發生了由偏之於恩到偏之於威的轉變。這主要是由於乾隆以後，國家承平日久，外患內憂已除，封建王朝在各

〔註1〕《清世宗實錄》，雍正九年辛亥夏四月癸巳朔，北京：中華書局，1986年。
〔註2〕《清高宗實錄》，乾隆二十一年丙子十一月己酉。
〔註3〕《清太祖實錄》，卷1。
〔註4〕《清太宗實錄》，崇德二年正月庚午。
〔註5〕《清太宗實錄》，崇德元年七月丙辰。
〔註6〕于敏中：《日下舊聞考》，卷63，北京：北京古籍出版社，1981年。
〔註7〕《清世宗憲皇帝聖訓》，卷35，臺北：文海出版社，2005年。

個方面都達到了其發展的鼎盛時期，隨著國家實力的強大，傳統的偏之於恩的政策也要隨之發生轉變，所以乾隆皇帝強調「駕馭外藩之道，示之以謙則愈驕，怵之以威則自畏」，〔註 8〕「駕馭外藩若一味姑息，伊等必致驕肆，自當恩威並用，俾先知所懼，則其感益深，足以彌滋事之端」。〔註 9〕乾隆皇帝的這些言論，集中反映了他在治理邊疆過程中所主導的恩威並施，偏之於威的方針。嘉慶道光年間，吏治日益腐敗，內地不斷湧現反清浪潮，在邊疆地區，由於統治者囿於成規也開始出現了危機局面。此種情況之下，清朝統治者仍然企圖通過懷柔手段籠絡少數民族上層人士，另一方面也同時加強了對邊疆民族地區的軍事統治。其所推行的偏之於威的方針開始失去了作用，隨著國力的衰弱，資本主義列強的入侵，其所推行的方針又漸漸的回到偏之於恩的道路上。

綜上所述，清朝對邊疆地區的統治所採取的恩威並施的方針，恩體現於以籠絡羈縻為主，威體現於鎮壓威服為主，其在不同時期所偏重的方針取決於國家的軍事、經濟及政治力量的變化如何。

「因俗而治」是我國古代統治階級治理邊疆少數民族地區的傳統方針，這一方針是由「修其教不易其俗，齊其政不易其宜」概括而成。清朝入主中原以後，要想在邊疆地區建立起行之有效的統治方式，就必須根據民族地區不同的宗教信仰、風俗習慣建立不同的、相對有效的統治機構和行政制度。因而，為了加強對西北邊疆民族地區的控制，「因俗而治」這一傳統治邊思想，便成為清朝統治者治理邊疆的指導方針。所以，當清朝完成西北邊疆的開拓之後，就根據各地情況，針對其原有的行政制度、風俗習慣、宗教信仰以及社會組織形式，因地制宜的採取了相應的統治措施，建立適應邊疆民族地區的統治機構，以加強其對西北民族地區的治理。關於這一點，雍正皇帝曾明確指出，對邊疆地區要「從俗從宜」、「各安其習」。〔註 10〕乾隆也同樣強調「從俗從宜」、「不易其俗」。〔註 11〕正是由於清朝「修其教不易其俗，齊其政不易其宜」的方針，因而在清朝，邊疆地區出現了「曠曠然更始而不驚，扉然向風而自化」〔註 12〕的局面。

〔註 8〕《清高宗實錄》，乾隆二十三年戊寅正月癸卯。
〔註 9〕《清高宗實錄》，乾隆二十八年癸未三月癸酉。
〔註 10〕《清世宗實錄》，雍正七年己酉夏四月乙亥朔。
〔註 11〕《清高宗實錄》，乾隆二十三年戊寅正月癸卯。
〔註 12〕祁韻士：《皇朝藩部要略》序，臺北：文海出版社，1965 年。

但是，清朝統治者對「因俗而治」的方針，並不是對過去傳統政策的簡單繼承，而是在實踐中有所改變和發展。首先，實行因俗而治的政策與清朝統治者反對「嚴華夷之變」的思想有密切的關係。眾所周知，自先秦以來，儒家主張區別諸夏與夷狄，表現出尊崇中原地區民族，輕視邊疆地區少數民族的思想。秦漢以後，這種主張逐漸為歷代儒家繼承和發揚，形成了所謂的「明華夷之變」的思想。作為少數民族建立的封建王朝，為了維護自身的統治，雍正帝曾深刻的指出「自古中國一統伊始，幅員不能廣遠，其中有不向化者，則斥之為夷狄，如三代上有苗、荊楚，即今之湖南、湖北、山西之地，在今日而目為夷狄可乎？至於漢唐宋全盛之時，北狄、西戎世為邊患，從未能臣服而有其地，是以有此疆彼界之分。自我朝入主中土，君臨天下，並蒙古極邊諸部落俱歸版圖，是中國之疆土開拓廣遠，乃中國臣民之大幸，何得尚有華夷中外之論哉」，〔註13〕況且，歷史發展到清代，中國各民族之間政治、經濟、文化聯繫進一步加強，民族融合進一步加深，在歷史上形成的華夷之論理所當然的受到了各方面的質疑和批評。正因為如此，清朝統治者與邊疆少數民族之間的思想感情上比較接近，這就為其實施因俗而治奠定了很重要的思想基礎。

其次，因俗而治政策的推行，也與清朝政府對西北民族地區問題的重新認識有著很大的關係。自康熙年間清朝開始經營西北邊疆開始，延續到清朝末年，西北地區一直戰事不斷。再加上近代以後西方殖民主義國家的入侵，使得清政府對其原有的西北民族地區的經營加以重新思考。沙俄崛起以後，進一步加大了侵略西北的步伐。其侵略野心足以危及到北部邊疆以及京師的安全。特別是沙俄侵吞中亞諸國之後，開始利用民族宗教問題在中國西北邊疆問題上挑撥邊疆民族與政府之間的關係，引起了近代西北邊疆新的危機。為此清政府開始認識到西北邊防安全的重要性。因此，有清一代都特別重視西北地區的管轄與治理，而在民族地區行之有效的方法莫過於因俗而治了。

再者，清朝在西北地區實施因俗而治與西北地區的自然環境、社會環境有著很大的關係。西北地區幅員遼闊，地理環境迥異。這裡分佈農業經濟區，牧業經濟區，散佈著農業民族和游牧民族，不同的地域環境、生活方式也決定著政治上的多樣化。另一方面，西北少數民族地區聚居分散，也不可能按照內地的州府制進行管理，而這些地區又是關係邊疆安全的重要地區。因此，

〔註13〕雍正：《大義覺迷錄》，卷1，北京：中國城市出版社，1999年。

自然環境的狀況決定了也只能因俗而治。從社會環境方面分析，西北地區是少數民族主要分佈地區。民族成分複雜，宗教信仰不同，日常生活、風俗習慣也有著很大程度上差異，並且少數民族分佈地區約占當時清朝疆域的一半以上。在這裡有分佈在大漠南北和新疆、青海地區的蒙古族，有世居塔里木盆地周圍綠洲的維吾爾族，有活動在西藏、青海和甘南的藏族，也有散居在各個民族之間的漢族，分佈在主要中心城市的滿族等民族。這些民族，由於各歷史發展階段不同，所處的生產發展水平也不盡相同，且有著不同的宗教信仰，而這些宗教信仰有在很大程度上影響著民族地區的穩定，因之，清政府就採取「欲因其教，不易其俗」的政策。

第二節　清朝西北民族政策的實施

清朝是我國歷史上多民族統一國家的重要發展時期。分佈在西部、北部邊疆地區的蒙古、藏族、回族、維吾爾族、哈薩克族等少數民族，與中央政府的政治經濟聯繫越來越密切。清朝對邊疆少數民族地區的控制也明顯的得到了進一步的加強。與以往朝代相對而言，清王朝治理邊疆的政策與以往的朝代發生了很大程度上的變化。對於這一點，康熙帝言「本朝不設邊防，以蒙古部落爲之屏藩」，〔註14〕「我朝施恩與喀爾喀，使之防備朔方，較之長城更爲堅固」。〔註15〕康熙的這種說法，在很大程度上反映了清朝治理邊疆的指導思想。在這種指導思想影響之下，清朝統治者採取了設立理藩院等統一管理，因俗施政，籠絡上層、分而治之，利用和倡導喇嘛教等一系則措施，從而取得了明顯的治理效果。

理藩院初名蒙古衙門，設立於崇德元年（1636），〔註16〕崇德三年（1638）更名爲理藩院。理藩院設立之後主要掌管蒙古諸部的編旗、會盟、賞賜、通婚等。後來歸附的蒙古部眾日益增多，1638年改設爲理藩院之後，設承政、左右參政各一人爲長貳，下設副理事官八人、啓心郎一人。順治初，又改承政爲尚書，參政爲侍郎，副理事官爲員外郎。不久又提高理藩院的級別，將其置於和六部同等的地位。理藩院尚書、侍郎例由滿人或蒙古人充任。清朝

〔註14〕《承德府志》，卷首，吉林：遼寧民族出版社，2006年。
〔註15〕《清聖祖實錄》，康熙三十年辛未夏四月丙辰朔。
〔註16〕趙爾巽：《清史稿·職官二》，卷115，北京：中央民族大學出版社，1994年。

統一全國後，理藩院的執掌不再局限於蒙古諸部，逐漸擴展至「掌內外藩蒙古、回部、及諸藩部，制爵祿，定朝會，正刑法，控馭撫綏，以固邦翰」。〔註17〕院以下分爲旗籍、王會、柔遠、典屬、理刑、徠遠六清吏司。〔註18〕後來在與沙俄交涉之中，理藩院又承擔了對俄事務。理藩院成立之後，清朝政府又根據西、北地區的局勢，先後制定了《欽定理藩院則例》、《欽定回疆則例》，以這些則例作爲處理西、北邊疆地區的法律依據和準繩。

理藩院的成立，它爲清朝西、北邊疆地區的穩定奠定了政治前提，作爲一種最爲完備的治理邊疆少數民族地區的中央機構，它及時地溝通了中央與邊疆的聯繫，協調了各方面的關係，促進了清代前期統一多民族國家的鞏固和發展，還在一定程度上加速了西、北邊疆少數民族地區與中原內地的經濟文化交流。

清代的盟旗制度是清朝中央政府爲了加強對蒙古地區的統治，實現「眾建以分其勢」的目的，是清代在西、北蒙古族地區的基層政權組織，它集軍事組織和社會組織功能於一身。旗有旗長（札薩克），數旗爲一盟，盟設盟長和副盟長。盟旗制度是清朝八旗制度的一種變異形式，它是八旗制度與蒙古地區原有的「鄂托克」「愛馬克」等社會制度的產物。旗的基本設置是表現爲金字塔型的層級管理體制，位於最上層的是旗札薩克，旗札薩克負責旗內一般行政軍事等事務。協理臺吉以及管一旗章京協助旗札薩克處理旗務，前者可以代理旗札薩克，從王公臺吉中選拔，經盟長呈報理藩院由皇帝任命，沒有任期限制，爲終身制。後者不能代理旗札薩克，無需皇帝任命，從臺吉中選擇，沒有任期限制。旗下最基本的組織就是牛錄（漢語稱爲佐領，蒙古稱蘇木），設蘇木章京，管理有關蘇木一切事務，其副職爲昆都，旗內超過十蘇木設立章京兩名，不過則設一名，管理一般地方旗民事務，受協理臺吉、管旗章京控制。此外，札蘭爲旗的軍事單位，每四至六蘇木設立一名札蘭章京。蘇木之下的組織爲達魯葛（什戶長或什長），是十戶的組長，戰時指揮士兵，平時維持治安，執行法律，調查戶口等。以上這些官員都享有俸祿，有向所屬部民徵收賦稅的特權。其中，蘇木佐領是仿照滿洲八旗牛錄的建制而設立的，分爲世襲以及非世襲兩種。世襲的又分爲勳舊佐領、優異佐領、合管佐領。非世襲的則分爲公中佐領與滋生佐領。清代的旗主要有四種形式，內札

〔註17〕趙爾巽：《清史稿·職官二》，卷115，北京：中央民族大學出版社，1994年。
〔註18〕趙爾巽：《清史稿·職官二》，卷115，北京：中央民族大學出版社，1994年。

薩克旗、外札薩克旗、內屬蒙古旗、喇嘛旗。

　　盟旗制度的設立鞏固了清朝對蒙古的統治。由於清朝統治者採取「眾建以分其勢」的策略，將蒙古分為眾多的旗，在旗下又分別設了蘇木，旗上雖然設立了盟，但是盟只是起到上傳下達、組織監督的作用，並不能起到對盟下各旗的組織領導，其最終的決定權還是掌握在清政府的手中。清朝通過盟旗制度打破了蒙古地區原有的組織結構，對原來的血緣地緣關係進行了重新的調整，使得原有的家族、親族、部落、民族觀念逐漸淡薄，代之而起的是新的政治利益格局。清朝統治者根據蒙古各部歸附的先後順序以及歸附的方式把蒙古分為內屬蒙古和外藩蒙古，又把外藩蒙古分為內外札薩克，這樣就使得蒙古各部日漸分離，使其很難聯合起來，威脅清朝的統治。通過盟旗制度，清政府加強了對蒙古各部的拉攏與控制，清政府賦予各旗王公貴族種種特權，冊封領地，賞賜部民，年班圍班時的大量封賞、滿蒙聯姻等手段加強了蒙古各部的向心力，從而使蒙古各部成為清朝堅不可摧的西、北屏障。

　　伯克制度。伯克是突厥語的音譯，其漢語意思為「王」、「首領」、「統治者」。伯克制度的由來遠可上溯到唐末宋初，天山南部地區，所屬回鶻各城各部始以伯克制度治理，到了明代，葉爾羌汗國建立後，伯克制度日臻完善，形成以阿奇木為首的，由大小伯克組成的地方政權機構，地方由伯克層層治理，並有較細緻的職責分工，所以習慣上把伯克也稱為阿奇木伯克。到了清朝時期，清政府平定大小和卓叛亂，重新統一了南疆各地，在清朝平定南疆的過程中，許多伯克率先主動歸降，為清朝迅速平定南疆奔走效命。在南疆局勢穩定之後，清政府考慮到回部諸城在民族、宗教、語言、風俗習慣上與其他地方的不同，因而沒有採取像內地的那種治理方式，而是因其舊制，繼續留任阿奇木伯克進行治理。因而在南疆的喀喇沙爾、庫車、阿克蘇、烏什、喀什噶爾、英吉沙尔、葉爾羌、和田等地沿襲以往的伯克制度進行治理。

　　伯克作為貴族或長官的稱呼，由來已久，但是作為一種制度，其出現則是在乾隆朝以後，在乾隆二十三年的上諭中可以看出「至回部平定後，不過揀選頭目，統轄城堡，總歸伊犁將軍營節制……將來辦理回部，擇其有功可信者授以職任，管理貢賦等事……其駐防伊犁大臣，即兼理回部事務」。〔註19〕伯克制度作為一種治理南疆的少數民族地區的政治制度，清朝政府通過《回疆則

〔註19〕馬塞北：《清實錄穆斯林資料輯錄》（上卷），銀川：寧夏人民出版社，1988年，第 211 頁。

例》等一系列的制度性規定，對其做出了明確的規範。各級伯克無論品秩大小都由朝廷任免升調，伯克按照其職務授以三品至七品的官階以後，其升遷補缺都有明文規定，不得世襲，其任命方式，三品至五品伯克由本城大臣查明，選取具備升補資格的人員四到五名，報呈參贊大臣驗明奏請補放。六品之下伯克，則由各城大臣遴選，報送參贊大臣驗收。升補的人選，並不限於伯克或富有的世家及有功於朝廷者。在銓選伯克的過程中，實行迴避制度，規定各城阿奇木、伊什罕、都管等伯克必須迴避本城，五品以下伯克必須迴避本莊。各地伯克都統屬於當地駐紮大臣，各城大臣有權監督、過問乃至直接參預民政事務，決定伯克的升遷等。在各級伯克的轄區內實施政教分離的政策。新疆的伯克雖然是伊斯蘭教的信仰者，但他們不得兼任阿訇，而且阿訇也不能兼任伯克，嚴禁阿訇干預一切行政事務，對於這一點，道光皇帝明確指出「回子當阿訇者止准念習經典不准干預公事，其阿訇子弟有當差及充當伯克者亦不准兼阿訇」。〔註 20〕對於各地的伯克設置，在南八城和哈密、吐魯番等城其品額、品級也各有不同。如伊犁將軍所屬駐伊犁總理回務者分別是：一等臺吉，三品阿奇木伯克一人，伊沙噶伯克一人，四品；喀匝納齊伯克二人，五品；商伯克二人，五品哈資伯克一人，六品巴濟吉爾伯克一人，六品；都管伯克一人，六品；密喇布伯克七人，六品；巴濟吉爾伯克一人，七品；什和勒伯克一人，七品；帕察沙布伯克一人，七品玉資伯克六十人，七品管理挖鐵玉資伯克一人，七品。其他如阿克蘇辦事大臣，烏什辦事大臣，葉爾羌辦事大臣，和田辦事大臣，喀什噶爾辦事大臣，庫車辦事大臣，喀喇沙爾辦事大臣，吐魯番辦事大臣，哈密辦事大臣等，其員額、品級都各有明確規定。

「伯克」作為一種制度被固定下來之後，由原來的世襲變為升遷補放，其俸祿按品級授予土地，並配置「燕齊」。這樣就把各級伯克納入到清朝政府的有效管轄之內。通過伯克制度的實行，清朝一方面削弱了地方勢力，另一方面又籠絡住了地方各級伯克。尤其是在廢除伯克世襲制度之後，伯克的任免權掌握在各級駐紮大臣手中，而各駐紮大臣通過將軍對中央政府負責，這樣，皇帝、將軍、大臣、伯克便構成了南疆地區的統治體系，從而把伯克置於政府控制之中，進一步鞏固和加強了多民族國家的統一。另外伯克與阿訇的分離，就防止了伯克利用宗教勢力擴大自己的影響，消除了其與朝廷分庭

〔註20〕〔光緒朝〕《大清會典事例》，卷 993，臺北：文化出版社，1992 年。

抗禮的基礎，同時，清朝政府又給予各級伯克一定的特權和地畝燕齊，使其「共知感激奮勉」。〔註21〕加強對其的籠絡利用，這樣對於南疆地區的穩定和發展就打下了良好的基礎。其次，清政府統一新疆後，規定了伯克的養廉地畝數額，並嚴格了伯克佔有燕齊。這樣，就使得大量的維吾爾族群眾成為向封建國家納稅的農民，解放和發展了社會生產力，也在一定程度上限制和削弱了封建領主制的進一步發展。

千百戶制度是一種以千戶、百戶等官吏為主體的藏族基層管理制度，其實質與土司制度相同，均為中央政府對少數民族地區進行管理而實行的符合民族歷史社會發展狀況的特殊行政管理體制。千百戶制度的出現可以上溯到元朝，成吉思汗建國之初，實行分封制，把所屬民眾按萬戶、千戶、百戶、十戶為單位，封給親族和功臣，受封的稱為萬戶長、千戶長、百戶長、十戶長。蒙古帝國建立後，這一制度被廣泛的推廣到全國，蒙古人之所以採用以人口的多寡作為其建立管理體制的依據，最根本的原因在於蒙古族是一個游牧民族，遷徙無常，不能像農業民族那樣以地域為單位劃分管理的範圍，而只能以人口的多寡來確定管理的規模，這種編制對於青藏高原從事游牧業生產的藏族來說，可謂是因地制宜。所以到了明清以後，這一制度得到進一步的充實和發展，成為青藏高原上行之有效的地方政權形式。千百戶一般具有多重身份，他們既是部落首領，又是封建政府在當地的執政者，對部落的所有事務諸如草場、人口、糾紛調解等負有管理的使命。藏族牧區由於游牧的生產方式，使得人員的流動性很大，但是這種流動是整個部落的集體行動，並沒有打破原有的行政隸屬關係，如果有人對此試圖挑戰，《番例十八條》中就有：部落人逃走、聚眾攜械同逃、追趕逃人等條目，其中對千戶長、百戶長等不履行其管束、追趕之責的，進行處罰。

千百戶等地方官吏在其所轄的範圍內，掌握著司法大權，對於部落內部及部落之間的各種糾紛，大都由部落長官及頭人進行調解或審判。審理時，一般由千百戶等部落長官本人或其委派之人主持，雖然在審判時還有宗教人員、部落長官授權的司法人員參加，但只有千百戶等部落首領才擁有行政司法大權。對於一個部落內部的糾紛，部落首領即可解決，兩個平行部落之間的糾紛，則必須由上一級部落長官解決。藏族地區各個部落都有自己的部落

〔註21〕馬塞北：《清實錄穆斯林資料輯錄》（上卷），銀川：寧夏人民出版社，1988年，第308頁。

武裝，平時各自從事農牧業生產，戰時調集爲伍，具有很強的戰鬥力。這些武裝主要由千百戶等按戶有財產、成年男性數量、分佈等不同方式徵集，遇有戰事，則由千百戶等率領跟隨政府軍隊征剿。

利用宗教控制西北地區少數民族是清朝政府的一項傳統政策，也是其邊疆民族政策的重要組成部分。它對於清代多民族國家的統一，西北邊疆地區的政治、經濟、文化等各方面的發展，以及邊疆地區的安全穩定，都有著深遠的影響。爲了使宗教變爲統治邊疆少數民族的御用工具，特別是爲了爭取宗教上層人士的擁戴與支持，並通過他們來控制各少數民族，因此清朝政府採取了對宗教的扶持和尊崇的政策。

清朝入關不久，順治五年（1648）即公開宣佈「其故明所與誥敕印信，若來送進，朕即改授，一如舊例不易」。〔註22〕其目的在於讓其能夠襲其舊封，繼續享有原有的社會地位。其後清政府又制定了喇嘛封授職銜、名號的制度。清政府規定「凡胡土克圖、諾門汗、班第達、堪布、綽爾濟，係屬職銜；國師、禪師係屬名號」。〔註23〕這樣通過封授職銜、名號的實質，把各級喇嘛變成了身披袈裟的官僚，使其享有較高的社會地位和特權。爲了更好地利用宗教上層治理地方，清政府規定，一些大喇嘛經皇帝特准，也可以直接掌握地方特權，與蒙古各旗之札薩克等「凡喇嘛之轄眾者，令治其事如札薩克焉」。〔註24〕根據《大清會典》的規定，除達賴、班禪外，轄眾的大喇嘛還可以「各有垛地，生屬其方，即同該頭人管束番民」，「凡大胡土克圖之下，必設倉儲巴一人辦理地方事務」。〔註25〕對於這些宗教上層人士，政府免除他們的差役、賦稅，允許大喇嘛直接向勞動人民徵稅，給予駐京和其他內地大喇嘛錢糧，供給邊疆地區進京朝覲喇嘛廩餼。他們不應徭役，不納稅，還可以直接向勞動人民徵收賦稅、攤派差役。同時在全國廣建寺院，據不完全統計，當時西藏有喇嘛廟 3417 座，內蒙古 1000 餘座，喀爾喀蒙古 740 餘座，青海、甘肅 400 餘座，四川、新疆也有很多。〔註26〕清朝之所以在這些方面不遺餘力，用乾隆皇帝的話說，就是「敬一人而千萬悅」。〔註27〕在利用宗教的同時，

〔註22〕 王先謙：《東華續錄》（順治朝），卷10，上海：上海古籍出版社，2007年。

〔註23〕 《理藩院則例》，卷56，北京：民族出版社，2006年。

〔註24〕 〔光緒朝〕《大清會典事例》，卷63，臺北：文化出版社，1992年。

〔註25〕 《理藩院則例》，卷56，北京：民族出版社，2006年。

〔註26〕 馬汝珩、馬大正：《清代的邊疆政策》，北京：中國社會科學出版社，1994年，第145頁。

〔註27〕 《承德府志》，卷首，吉林：遼寧民族出版社，2006年。

清政府也注意到了對其不利方面的限制，其中在對喇嘛教的政策上反映的最為突出。對於喇嘛教，清朝政府由理藩院統一管理，建立年班朝貢和頒發度牒制度。對於那些「妨害國政」的喇嘛，一律「按律治罪」。為了防止喇嘛勢力尾大不掉，採取眾建以分其勢的做法，限制喇嘛廟的規模，控制喇嘛廟經濟，規定喇嘛廟額缺，由中央控制對大喇嘛的封贈與廢黜，削弱大喇嘛的世俗行政權。清政府的伊斯蘭教政策，也基本貫穿了對喇嘛教治理的基本精神，也即在使得信眾服從統治者政令和管理措施的基礎上，對宗教上層人士給予一定的優待和寬容，對於那些危及中央政府統治秩序的反對勢力，同樣不遺餘力的進行打擊。

　　清朝西北的宗教政策，在一定意義上，對於維護清朝多民族國家的統一和西北國防的鞏固起到了促進作用。對於宗教上層人士的尊崇與優待，贏得了宗教上層的歡心與擁戴，通過大量的冊封，避免了長期的、大規模的戰爭的破壞，和平的統一形式符合廣大民族地區民眾的利益，從而贏得了他們對中央政府的衷心擁護。雖然說，清代前期統一多民族國家的鞏固和加強，是歷史發展的必然趨勢，是各族人民共同努力的結果。但是在特定的歷史條件下，對於宗教上層人士的利用加速了這一和平統一的進程。同時，由於政府對上層宗教人士的優撫尊崇，密切了宗教與中央政權的關係，增強了他們的向心力，這對於抵抗外來勢力的侵略，鞏固西北國防的安全起到了不可替代的作用。在歷次反對英俄的侵略過程中，各個民族廣大民眾及愛國宗教人士總是站在抵抗外來侵略的最前沿。而這些成果的取得，與清朝政府的宗教政策有著很大的關係。在噶爾丹之亂時期，喀爾喀蒙古胡土克圖曾說「我輩受天朝慈恩最重，若因避兵投俄羅斯，而俄羅斯素不奉佛，俗尚不同，視我輩異言異服，殊非久安之計，莫若攜全部投誠大皇帝，可邀萬年之福」。〔註28〕

第三節　清末西北民族政策的演變及其影響

一、清朝末年的西北邊疆民族危機

　　嘉慶、道光之後，清朝國勢日趨衰落。1840 年鴉片戰爭之後，西方資本主義勢力接踵而至，給中國社會各個方面造成猛烈衝擊，使得中國逐步淪落

〔註28〕張穆：《蒙古游牧記》，卷 7，太原：山西人民出版社，1991 年。

爲半封建半殖民地國家。嚴重的內憂外患，使清朝陷進了嚴重的統治危機。形成了「俄北瞰，英西睒，法南瞬，日東耽」﹝註 29﹞的局面，中國廣大邊疆地區完全暴露在帝國主義則強的侵略鋒芒之下。中國西北邊疆地區更是面臨著嚴重的邊疆危機。

俄國對中國西、北邊疆領土的覬覦由來已久。早在 17 世紀中葉以後，俄國開始進入貝加爾湖南岸地區，通過移民、修築城堡、駐兵、設機構等開始對中國邊疆的侵略。進入 19 世紀後，俄國保留著農奴制，仍然是一個軍事封建帝國。隨著俄國經濟的發展，俄國商人對原料和市場的需求也與日俱增。於是俄國也開始走上了軍事擴張之路。1822 年，俄國西伯利亞當局頒佈了《西西伯利亞吉爾吉斯人條例》，廢除了哈薩克小、中玉茲汗，完全吞併了哈薩克的西部和中部地區。俄國在征服吞併中亞各個汗國的同時，以這些地區爲基地，進一步向中國西北邊疆侵略。

1825 年夏，俄國軍官舒賓上校率兵越過中俄邊界，深入到巴爾喀什湖東南的哈喇塔拉地區，私建房屋，並向當地哈薩克人宣稱「哈薩克本其舊屬，今來收取租賦，欲擇哈喇塔拉水草好處築城種地」。﹝註 30﹞1831 年 12 月和 1832 年 1 月俄國舉行了西西伯利亞和亞洲問題委員會會議，決定了進一步向中國西北邊疆侵略的方針，採取「遵循一些漸進步驟和審慎態度，不去驚擾中國人。但是必須貫徹始終地、可以說是漸進地使他們理會到額爾齊斯河彼岸的一些土地，沿阿亞古斯、則普薩、科克佩克丁斯克各河流，並繼續向前到齋桑湖，直到中國卡倫線，都是屬於俄國的」。﹝註 31﹞1840 年鴉片戰爭爆發後，清朝的積弱日益暴露，於是沙俄加快了侵略的步伐。1846 年，沙俄越過愛古斯界河，深入中國邊境七百多里。1848 年，俄國在科帕爾設立「大漢國督察官」，頒佈《大漢國吉爾吉斯人的管理及謝米則契地區的監督條例》，宣佈將清朝邊境地區的哈薩克部落置於其統治之下。面對清政府的抗議，沙俄爲自己辯護，聲稱此舉實爲「保護伊等，以備強暴」。﹝註 32﹞1851 年，俄國通過《中

﹝註 29﹞陳永正編：《康有爲詩文選》，廣州：廣東人民出版社，1983 年，第 469 頁。

﹝註 30﹞故宮博物院：《清代外交史料》，道光朝二，臺北：成文書局，1968 年，第 15 ～16 頁。

﹝註 31﹞〔俄〕巴布科夫·伊·費著，王之相譯：《我在西伯利亞服務的回憶 1859～1875》，上海：商務印書館，1973 年，第 161 頁。

﹝註 32﹞中國第一歷史檔案館：《清代中俄關係檔案史料選編》，第三編（上冊），北京：中華書局，1979 年，第 6 頁。

俄伊犁、塔爾巴哈臺通商章程》，獲得了在新疆設立領事、領事裁判權、通商免稅、建立貿易圈等特權，並進一步向清政府提出了領土要求。1864 年清政府被迫簽訂《中俄勘分西北界約記》。之後，又強迫清政府先後簽訂《中俄科布多界約》、《中俄烏里雅蘇臺界約》、《中俄塔爾巴哈臺界約》，通過這三個勘定界約書，俄國一共割去中國西部領土 44 萬多平方公里。與此同時，俄國還趁新疆發生變亂之際，派兵入侵新疆，非法軍事佔領伊犁地區 10 餘年。

英國和俄國是當時世界上兩個主要殖民帝國，沙俄從北向南擴張的同時，英國也由南向北發展，雙方在土耳其、中亞以及我國西部地區形成一個長條形衝突地帶。中亞是俄、英衝突的焦點之一。1873 年 1 月，沙俄外交大臣戈爾恰剋夫致函英國，認為巴達克山和瓦罕具有獨立的性質；但又表示不拒絕英國所劃定的界線，要求英國進一步的向北擴張。這就是所謂的《格倫威爾──戈爾恰剋夫協定》，通過這個協定，英俄兩國背著中國政府劃分了在中國帕米爾地區的勢力範圍。對於英俄兩國踐踏既定協議，私自分割中國領土的行為，清政府多次提出強烈抗議。1894 年，慶常與格爾斯商談帕米爾問題時，發現英俄爭奪小帕米爾，當即嚴正聲明「小帕米爾應歸中國」。〔註33〕在俄英兩國達成私分帕米爾的協議後，清政府授命駐俄使臣許景澄和駐英使臣薛福成分別向俄英政府「執約力辯」，〔註34〕「其中俄界址茲暫停議，此後日必重申前說」。〔註35〕但此時正值甲午戰爭前後，清政府對於西北地區的邊疆危機一時無力顧及，中國的西北邊疆也日益面臨著英俄帝國主義瓜分的危險。

帝國主義國家在軍事和經濟上加緊對中國西北侵略的同時，籠絡和收買邊疆少數民族上層、蠱惑煽動他們脫離清政府的統治，最終分割和瓜分中國領土，也是其主要侵華的策略和計劃之一。俄國在向東部擴張的過程中，相繼征服了一些信仰信仰藏傳佛教的游牧部落，他們之中包含有伏爾加河流域的土爾扈特蒙古部落，分佈在貝加爾湖東北一帶的布里亞特蒙古部落，葉尼塞河上游的唐努烏梁海蒙古部落，這些部落與中國西、北地區的蒙古族有著深深的血緣和歷史關係，而且同蒙藏地區一直保持著密切的宗教聯繫，俄國就利用這一特殊關係加強向西北蒙藏地區的滲透，培植親俄力量。1741 年，俄國政府在色楞格斯克東南修建了桑格里寺，同年，俄國西伯利亞當局提出了關於藏傳佛教的第一

〔註33〕徐景澄：《許文肅公遺稿》，第 8 卷，烏魯木齊：新疆人民出版社，1997 年。
〔註34〕袁大化：《新疆圖志·國界志五》，臺北：文海出版社，1965 年。
〔註35〕《清季外交史料》，光緒朝，第 113 卷，臺北：成文書局，1968 年。

個正式政策，從蒙古地方遷來 150 名西藏、蒙古喇嘛，並決定免除他們對國家的一切稅役。1764 年，俄國恰克圖邊境衙門任命色楞格部床兀爾氏出身的丹巴多爾濟札雅耶夫爲後貝加爾地區全體佛教徒的首席班第達堪布喇嘛。〔註 36〕1853 年，尼古拉一世批准了東西伯利亞總督穆拉維約夫起草的《關於東西伯利亞喇嘛教條例》，對喇嘛的等級、權利和義務、寺廟的數量、定員等都做了明確的規定。還規定，堪布喇嘛分給土地 600 俄畝，錫勒圖喇嘛 200 俄畝，每額定喇嘛 15 俄畝，並享有免稅特權。這樣俄國將上述地區的佛教完全納入到自己的統治軌道，使佛教上層成爲沙俄官僚系統中的一個組成部分。〔註 37〕從此，俄國將自己裝扮成佛教的「眞正保護者」，不斷向中國蒙藏地區施加影響。

19 世紀 70 年代以後，俄國進一步加強了對蒙古、西藏、新疆宗教領袖們的爭取和拉攏，企圖使他們脫離中國而接受俄國的「保護」。另一方面，由於晚清以來清廷對宗教上層的冷落和疏遠，再加上清末的新政運動影響了這些宗教上層的既得利益，所以使得西北地區的僧俗上層對清朝產生了離心傾向，爲英俄帝國主義的侵略造成了可乘之機。鑒於宗教上層對清政府不滿的加劇，俄國不斷派遣宗教人員到西北地區，以「遊歷拜佛」爲名義進行蠱惑煽動，從而加深了西北各民族宗教上層人士與清政府的矛盾，造成了西北地區的不穩定狀態。

二、清末西北民族政策的轉變

從 19 世紀末新疆建省開始，到 20 世紀初清政府新政改革之前，在國內外局勢的影響之下，清政府被迫走上了改革救亡的道路。隨著清末新政在全國的展開，清政府對於西北邊疆地區的民族政策也相應的發生了變化。

行省制度在西北地區的建設。清朝立國之初，在西北地區推行因俗而治、恩威並施、籠絡羈縻的傳統民族政策，建立了多元化的行政管理體制，通過這些對邊疆少數民族地區進行有效的治理。從而形成了大一統的政治局面，爲中國各民族之間的經濟、文化交流創造了有利條件。經過清朝兩百多年的發展，邊疆地區在經濟文化思想觀念等各個方面都發生了很大的變化。長城

〔註36〕〔日〕若松寬著，馬大正等編譯：《清代蒙古的歷史與宗教》，哈爾濱：黑龍江教育出版社，1994 年，第 359～360 頁。

〔註37〕蘇德畢力格：《晚清政府對新疆蒙古和西藏政策研究》，呼和浩特：內蒙古人民出版社，2005 年，第 24～26 頁。

以北原本單一的游牧地區變成了既有游牧經濟，又有農業、商業和手工業並存的多種經濟並存的地區。隨著清末新政和移民實邊政策的推行，西北地區和內地的差距進一步縮小。據統計乾隆四十二年（1777）時「新疆共有移民35萬人左右，漢族及其後裔占全疆人口的 53%。乾隆四十二年之後，漢族入疆的人口和總人口數仍在繼續增加之中」。〔註38〕

新疆建省前後，清政府多次降諭左宗棠等，要其大興屯政，盡快恢復新疆農業。左宗棠和劉錦棠審時度勢採取了一系列措施，使得新疆農業人口再次聚集。經過多年來的政策扶植，新疆人口逐漸回升。

晚清的新政促進了邊疆與內地的經濟往來，尤其是漢族移民的大量充實，使得內地儒家文化開始滲透到了邊疆民族地區。它反應了農耕文明的適應性，同時也表明了邊疆少數民族地區對其他民族文化的適應性。這種文化之間的互動，爲各民族超越各自狹隘地域的限制，實現相互間的社會、文化和政治的漸次整合提供了更爲廣泛的基礎。

正是由於以上諸多方面的因素，導致了 19 世紀末清朝整個西北地區民族政策的轉變。以左宗棠爲首的一批中興重臣紛紛提出籌邊改制的種種設想和主張。雖然他們的主張各不相同，但都有一個共同的思想基礎，那就是改變清初以來的因俗而治的羈縻政策，改變蒙藏回部原有的政治地位，加強中央的直接管轄。正是出於上述因素的考慮，清政府在新疆廢除伯克改行省，張蔭棠入藏改制，在蒙古移民墾邊，籌建行省等一系則的改革。逐步改變前朝前期的「齊其政而不易其俗」「恩威並施」的施政方針。

此一方面是清朝政府治邊方略的轉變，另一方面是，清政府面臨著嚴重的國內外統治危機，一些地方民族勢力趁機崛起。同治年間的陝甘回民起義，極大地動搖了清朝政府在西北的統治秩序。在平定陝甘回民起義過程之中，以馬占鰲爲首的回族地方勢力逐漸崛起，並且逐步發展成爲影響甘肅政局的重要力量。雖然說整個運動遭到了失敗，但它給回族社會、西北地區以及清政府造成的影響並沒有因爲運動的失敗而消失，相反，其繼續通過各種隱蔽的或轉換面貌的形式繼續發揮著作用。〔註39〕

〔註38〕 曹樹基：《中國移民史》，第 6 卷，福州：福建人民出版社，1997 年，第 495 頁。

〔註39〕 霍維洮：《近代西北回族社會組織化進程研究》，銀川：寧夏人民出版社，2000 年，第 159 頁。

河州之戰後，馬占鰲歸附左宗棠，與馬海晏、馬千齡等人一同被編為清軍河州鎮馬隊，馬占鰲任三旗督帶兼中旗旗官，全軍歸董福祥甘軍節制。馬海晏隨軍作戰，在平定西北回民起義中屢建奇功，漸次升為副旗官。而諸馬集團的最初形成則與這一時期發生的二件大事——「河湟事變」、「庚子事變」有著不可分開的關係。

1894 年甲午戰爭爆發，董福祥的甘軍進京防衛，馬安良、馬麒隨軍入京。西北軍力空虛，花寺教派在馬占鰲死後，分裂成為以馬永琳為首的老派和以馬如彪為首的新派，兩派分庭抗禮，鬥爭十分激烈，直至打死二名新教阿訇，新教把馬永琳上告到蘭州總督府。官府由於處置不當，激起老教群眾的反抗，從而造成了光緒二十一年河湟撒拉爾人和回族群眾反抗的河湟事變。事變發生後，清政府一面把楊昌濬、雷正綰、湯彥和革職留任，一面急調董福祥統帶馬步三十營督辦甘肅軍務進行鎮壓。董福祥借馬安良、馬福錄、馬海晏之手，殘酷的鎮壓了河湟事變。事後，馬安良升任巴里坤總兵，馬海晏因身先士卒記軍功一次，授予花翎副將總兵銜，升為騎兵督帶。

1900 年八國聯軍進犯北京，甘軍大部被調入京，後又隨駕西行。馬海晏不顧自己年逾古稀，鞍前馬後，心力憔悴，結果病逝於宣化，旗官一職由其子馬麒擔任，並賜玉麒麟一隻。慈禧到達西安以後，對諸馬的忠心大加褒揚，曾賜宴馬安良、馬福祥、馬麒等人，傳諭慰問嘉獎。慈禧返京後，對西行有功人員加官進爵。馬安良由總兵升任提督，馬海晏承襲父親旗官一職。董福祥因為在阻擊八國聯軍進軍北京和攻打使館出力甚多，成為各國使館要求嚴懲的對象。清政府被迫將其革職查辦遣歸固原故里，並且永不敘用。董福祥的去職，為諸馬軍閥的崛起鋪平了道路。1902 年，馬安良遞陞甘州提督，坐鎮蘭州，主持大局；馬麒所部重兵駐紮化隆札巴鎮，1906 年被馬安良保薦為循化營參將，領花翎副將銜，勢力由札巴擴展到循化地區，取得了自己在青海一帶獨立發展的基本地盤．

清朝末年，實行新政，裁汰舊式的綠營、防勇，仿照西法編練新軍。西北諸馬在軍界的地位得到了進一步的發展和鞏固，馬安良的鎮南軍改為精銳軍，又稱精銳西軍或西軍。馬安良自任精銳軍總統，馬麒為幫統，成為甘肅境內力量最大的一支武裝。

從上述材料不難看出，由於面臨嚴重的統治危機，清政府不得不改變原有的西北民族政策，逐漸在邊疆地區推行行省制度，改變叢清朝初年以來的

「齊其政不易其俗」傳統的羈縻政策，通過各種手段取消地方勢力的政治特權，達到整齊劃一的統治秩序。同時由於國家財力所限，一些傳統的優撫政策也在變得形同虛無。面對崛起的地方民族軍事勢力，在不危及其統治的前提下允許其在一定範圍內存在，並加以限制和利用。

三、清末西北民族政策對各民族的影響

　　清朝成為我國統一多民族國家的最終形成重要時期，這與其近百年來的社會經濟發展，邊疆民族政策的正確實施都有著很大的關係。清朝前期，在逐步統一全國的過程中，吸取了歷代封建王朝的治邊經驗，繼承了漢唐以來的傳統的羈縻政策，採取從俗從宜的方針，使得西北民族地區保持了近百年來的社會穩定、經濟發展，各民族之間的往來日益緊密，最終形成了統一的多民族國家，奠定了近代中國的疆域和民族格局，促進了各民族之間的融合。

　　但是我們同時也應該看到，作為封建專制王朝，其所制定的一切政策都是為統治階級的利益服務的，難免都會打上該時代的烙印，具有其時代的局限性。因此，對於清朝的民族政策，我們也應該一分為二的進行分析，在肯定其積極性一面的同時，也要客觀的看到其消極的一面。

　　清政府雖然對部分少數民族上層人士施之以籠絡手段，但作為以少數民族身份入關的滿清政府，其首先要維護的是滿族貴族的特權利益，儘管對少數民族上層人士封官賜爵，給予種種特權，但仍採取隔離、牽制等措施，加以防範與猜忌，這反映出清代民族政策仍然具有民族歧視與民族壓迫的層面。特別是清末新政以來，隨著邊疆與內地一體化新政改革的推行，這些喪失了原有特權的少數民族上層人士，逐漸的產生了離心離德的傾向，埋下了清末民初邊疆民族地區的動盪根源。

　　清朝在西北地區的一切政策，都是出於維護國防安全的考慮，左宗棠在規復新疆的過程中曾經指出「重新疆者，所以保蒙古；保蒙古者，所以衛京師。西北臂指相連，形勢完整，自無隙可乘。若新疆不固，則蒙部不安。匪特陝西、山西各邊時虞侵軼、防不勝防，即直北山東亦將無晏眠之日」。〔註40〕因此，清朝對於西北民族地區，更多的出於政治安全的考慮，對於民族地區經濟文化方面相對就比較薄弱。特別是在文化方面，僅僅停留在語言文字的保留這一層面，

〔註40〕左宗棠：《左文襄公奏稿》，卷50，光緒十六年刻本。

對於民族地區的教育只注重少數上層人士的培養上，因此造成廣大下層民眾極易為少數民族宗教破壞分子挑撥利用，為帝國主義從中漁利和民族分裂勢力的萌發造就了溫床。

　　為了維護自己的統治，清朝政府針對邊疆少數民族先後出臺了《回疆則例》、《蒙古律例》、《西藏通例》、《理藩院則例》等一系列的法規政策，無形中的在各民族之間造成隔閡。一方面，清政府大力提倡滿蒙聯姻，另一方面卻嚴禁蒙漢兩族之間通婚，不准內地漢民出關，不准蒙古王公延請內地書吏學習儒家文化。在新疆地區，清政府還專門修建了滿、漢、回城，以隔絕各族人民之間的聯繫。就是在同一民族內部，清政府也實行限制和隔離政策。為了維護自己的統治，清政府也承襲了過去的「以夷制夷」的政策，最終達到分而治之的目的。這樣做的嚴重後果，造成了邊疆少數民族地區民族國家意識的淡薄，一旦中央權威喪失，國家出現動盪，邊疆地區就極易出現民族勢力抬頭的現象，特別是偏遠的民族地區，長期以來下層民眾只知地方的宗教和部落頭人而不知國家，這樣就形成了清末整個西北的動盪，為英俄帝國主義國家的分裂企圖形成了可趁之機。

第二章　民國政府西北民族政策之基礎

民國政府西北民族政策，是中國現代化進程與西北民族地區環境相結合的產物，近代中國疆域的形成，中華民族觀念的出現，傳統治邊思想的影響，以及孫中山的個人因素，共同構成了民國政府西北民族政策的基礎。

第一節　中國疆域的形成

近代中國疆域的形成，是歷史發展的產物，是中國各民族在長期的歷史發展過程中相互學習，相互交流，互通有無，共同創造的結果。生活在不同地域內的各個民族，在政治、經濟、文化乃至宗教上相互交流，共同締造了中國的疆域。民國政府的民族政策就是這一疆域形成過程中的產物。

中華民族的出現與中國疆域的形成有著很大的關係。而明清以來中國疆域的形成，是中國歷史長期發展演變的結果。中原地區是中國疆域形成的核心。其以得天獨厚的自然、地理因素成為歷代的政治、經濟、文化中心，其豐厚的歷史文化積澱、高度發展的社會經濟文化水平以及富饒的物質財富，使其歷來成為各種政治鬥爭的中心。同時，其又以其高度發達的經濟文化對周邊民族產生了強大的吸引力，成為各個民族彙集的中心地域，其所產生的精神文化、物質文化，先進的生產方式又通過各種渠道進入到邊疆地區，對於邊疆地區的社會經濟、政治、文化乃至於宗教等都產生了深刻的影響。其在中國疆域的形成過程中所產生的吸引力、凝聚力，為中國疆域的形成起到了不可替代的作用。

　　中國疆域的形成是以中原為中心和基礎，以中原地區的政權為核心，主動以政治、經濟、文化等和平手段為主，不斷擴大中原政治、經濟、文化的影響力，經過多年的經營和開拓，使邊疆地區與中原建立密不可分的聯繫，最終形成統一的中國疆域。其具有漸進性、非佔領性、互動性等基本特點。其在中國疆域形成過程中的最為突出的表現就是在周、秦、漢、唐、元、清這些朝代，無論其怎樣的朝代更替，但是其所統治的地域都有一個核心地域。而正是這一核心地域在歷史上的不斷地反覆，最終奠定了中國疆域的形成。在中國疆域的形成過程中，不斷有新的民族和政權主動嵌入正在形成和發展的中國版土之中，並與中國其他民族和地區，形成密切的政治、經濟、社會和族體方面的聯繫，並最終成為中國行政管轄下的一部分。〔註1〕

　　傳統觀念上的疆域形成之後，如果沒有一定的經濟文化支持，這樣的疆域是難以穩定的。因此在中國疆域的形成過程中，各民族之間的相互經濟交流，彼此互通有無，相互依存形成了主體民族離不開少數民族，少數民族離不開主體民族，各民族之間相互離不開的局面，這樣，為中國疆域的形成奠定了牢不可破的基礎。

　　我國是一個疆域遼闊的國家，「東漸于海，西被于流沙，朔、南暨：聲教訖于四海。」，〔註2〕地跨熱帶、溫帶、寒帶，境內山川林立，江河遍佈，氣候條件，地理環境千差萬別。同時，同一經濟類型的民族，所處自然環境不同，經濟文化類型也不盡相同，生產力、生產方式更是千差萬別，因此這就為各民族之間互相依存、互通有無創下了先決條件。北方的游牧民族是傳統上的游牧經濟區，由於自然條件的限制，造成了在種植業上對中原和南方農耕文化的依賴；而中原和南方的農耕地區一方面對北方的畜牧產品有所需求，另則也需要北方民族來消費自己的生產產品。可以說正是雙方在經濟上的互相依靠，才為後來雙方的互通往來打下了基礎，而長時間的互相交流，又促進了民族之間的文化互動，這樣雙方在互通有無、相互借鑒、文化上相互融合的基礎之上，慢慢的形成了經濟、文化方面的一體化，形成了在一定疆域範圍內的長期共存，這樣，就逐漸形成了今天的疆域形態。

　　中國疆域的形成，也是各民族文化上長期以來相互交融的結果。地域觀念只是疆域形成的先期條件，生活在一定地域之內的民族，如果沒有文化上

〔註1〕楊建新：《中國少數民族通論》，北京：民族出版社，2005年，第137頁。
〔註2〕司馬遷：《史記·夏本紀》，卷2，北京：中華書局，1985年。

的交融、認同，就不會形成現代意義上的國家疆域。中國疆域的發展變化過程，生動地反映了各民族之間在文化上的互動交融的漫長過程。而這一在文化基礎之上形成的疆域，一旦形成，則具有長期的穩定性，雖然其在某一時間段，在某一地域之內會有所反覆變化，但是從歷史發展的長期來看，其還是反映了一定的穩定性。

梁啓超曾經指出「華夏民族，非一族而成。太古以來，諸族錯居，接觸交通，各去小異而大同，漸化合以成一族之形，後世所謂諸夏是也」。〔註3〕梁氏此論，道出了各民族在文化上的交融過程，去小異而大同。先秦以來各族文化相互碰撞、輻射、融合交匯，爲秦漢以來「天下爲一，萬里同風」〔註4〕的文化格局形成了基礎，到了魏晉南北朝時期，政治上政權分立，戰亂不斷，但是由於民族大遷徙和大雜居，爲各民族之間的文化交融提供了前所未有的便利條件，此一階段應該是爲中國文化的重要形成時期。中原文化在吸收少數民族文化的基礎上有了很大的發展變化，反過來這種變化、融匯了各民族文化的文化，又在一定程度上形成了人們的共同的心理，這樣隨著文化的擴展，疆域觀念也在無形之中得到了擴大。這種文化上的變化爲後來隋唐盛世的出現開創了先聲。

隋唐時代，統治者提倡「華夷一家」，在文化中貫穿了相互融匯的寬容、融洽的氣氛，其文化所及東至日本，西到大食，在這種融洽的氣氛之下，各民族在文化上互相吸收、互相促進，共同取得了長足的發展。到了宋元時期北方、西北各個民族政權相繼建立，迭次更替，各民族在衝突中不斷地相互融合、發展，這一新的變化爲元朝大一統局面的形成奠定了文化基礎，元朝建立前後，結束了各個民族政權之間相互並立的局面，建立起空前強大統一的多民族國家。在元朝統治時期，各個民族之間，東西方之間的文化交流更加頻繁和深入，這種大的文化觀念的出現，爲以後明清時期穩定的國家疆域的形成造就了文化先聲。

明清時期，國家的統一得到了鞏固，疆域也在前朝的基礎之上有所擴大，爲民族文化的進一步交流、融合提供了條件。在北方，以漢、滿、蒙古爲核心漢藏、蒙藏、滿蒙、滿漢以及與維吾爾、鄂溫克、鄂倫春等民族之間在文

〔註3〕梁啓超：《飲冰室合集》，第8卷，北京：中華書局，1989年。

〔註4〕班固：《漢書・嚴朱吾丘主父徐偃終王賈傳（下）》，卷64，北京：中華書局，1973年。

化上、宗教上、經濟上長期以來存在著大規模的相互交流。在西南地區，隨著改土歸流的進一步深入，朝廷在西南地區「建郡縣，設學校，漸摩以仁義，陶淑以禮樂」。〔註5〕使得西南地區「人文振起」，〔註6〕通漢語，習漢俗，蔚然成風。許多少數民族的婚喪嫁娶、衣食住行也「多漢人風」、「與漢人同」。與民族之間文化交融的同時，各種宗教之間的相互吸收、相互借鑒、相互交流也比前期有了更大程度的發展，各個民族在文化上的長期以來的相互共存、共贏、共同發展的局面出現，促進了新的民族觀念——中華民族的出現，而這一新觀念的出現，反過來又在某種程度上鞏固了疆域觀念。

中國現代疆域的形成，反映了歷史上各個民族之間在經濟文化、宗教信仰等各個方面的長期相互交往、吸收、融合的歷史過程，也是中國現代民族觀念的形成過程。但是相對於疆域的形成，民族觀念的形成則有著更爲深層次的因素。而這些因素又成爲影響民國政府民族政策制定的因素。

第二節　「大一統」國家觀念的出現

「大一統」思想是一個包含有政治、文化等要素在內的內涵豐富的中國古代政治思想體系。戰國時期，孟子就有了天下「定於一」〔註7〕的預見。《春秋‧公羊傳》開宗明義首創「大一統」理念「元年春正月。元年者何？君之始年也。……曷爲先言王而後言正月？王正月也。何言乎王正月？大一統也」。何休《解詁》「統者始也，總繫之辭，天王者始受命改制，布政施教於天下，自公侯至於庶人，自山川至於草木昆蟲，莫不一一系於正月，故云政教之始」。〔註8〕《漢書‧王吉傳》云「《春秋》所以大一統者，六合同風，九州共貫也」。〔註9〕

西周時期，諸國分封，形成了「居楚而楚，居越而越，居夏而夏」〔註10〕的局面，但是無論是在制度上還是在人們的思想觀念上，都開始出現了較爲明確的「華夷一統」的思想。春秋戰國時期，雖然說在政治上處於大分裂時

〔註 5〕嚴如熤：《苗防備覽》，卷8，道光二十三年本。
〔註 6〕嚴如熤：《苗防備覽》，卷7，道光二十三年本。
〔註 7〕孟子：《孟子‧梁惠王（上）》，北京：中華書局，1998 年。
〔註 8〕公羊高：《春秋公羊傳‧隱公元年》，吉林：遼寧教育出版社，1997 年。
〔註 9〕班固：《漢書‧王吉傳》，卷72，北京：中華書局，1973 年。
〔註 10〕荀子：《荀子‧儒效》，吉林：遼寧教育出版社，1997 年。

期,但是在思想上卻是「大一統」思想發展的重要時期。由於這一時期在政治上還缺乏「大一統」思想形成的政治基礎,因而只有到了秦漢時期,「大一統」思想才最終形成和完善。秦漢時期,中國統一的多民族國家在前代的基礎之上有了大的發展,一個新的更加穩定的民族共同體開始形成,以這個民族共同體為核心的秦漢王朝的出現,促進了多民族國家內部各民族之間在政治、經濟、文化、風俗倫理等各方面的進一步統一,邊疆與內地、「中國」與「四夷」一統的觀念進一步加強。《禮記·曲禮》載:「君天下為天子」,〔註11〕鄭玄箋「天下,謂外及四海也。今漢於蠻夷稱天子,於王侯稱皇帝」,〔註12〕在其含義之中充分體現了「華夷一統」的「大一統」思想。

漢武帝時期,罷黜百家,獨尊儒術,首先在思想上完成了一統,這樣為大一統思想的出現掃清了障礙,在漢朝統治者的支持之下,大一統思想逐漸開始完善。

「大一統」思想的理想境界是「王者無外」,〔註13〕其主要特徵是據亂世(內其國而外諸夏),升平世(內諸夏而外夷狄),太平世(夷狄進至於爵,天下大小若一)。其思想之集大成者是為西漢時期的董仲舒,他對《春秋》經、傳進行了精心的梳理和歸納,進一步闡發了公羊學說的大一統思想,建立了一套適應中央集權制度需要的天人合一的政治理論。董仲舒言道「《春秋》大一統者,天地之常經,古今之通誼也」。〔註14〕董仲舒認為「《春秋》變一謂之元,元猶原也,其義以隨天地終始也」。〔註15〕董仲舒將天地萬物本源、天道運行規律和建功治國原則融為一體,將原來的政治大一統變為一種先天合理、不可逆轉的永恆法則。

「大一統」思想出現之後,「華夷一體」之觀念也逐漸融入到其中,在這種「大一統」的思想和國家內,各個民族之間,所有疆域之內都是一個統一的不可分割的政體。「凡天子者,天下之首也。何也?上也。蠻夷者,天下之足也。何也?下也」。〔註16〕國家、天子、諸夷如為一體「身之使臂,臂之使

〔註11〕 《禮記·曲禮(下)》,北京:中華書局,2005年。

〔註12〕 鄭玄:《禮記正義》,北京:中華書局,1957年,第1260頁。

〔註13〕 班固:《漢書·嚴朱吾丘主父徐嚴終王賈傳(下)》,卷64,北京:中華書局,1973年。

〔註14〕 班固:《漢書·董仲舒傳》,卷56,北京:中華書局,1973年。

〔註15〕 董仲舒:《春秋繁露·重政》,北京:中華書局,1975年。

〔註16〕 賈誼:《賈誼集·解懸》,上海:上海人民出版社,1976年。

指，莫不從制」。〔註 17〕對於統治者而言，「華夷一體」強調在處理統一多民族國家民族問題之時要「俯視中國，遠望四夷」。〔註 18〕同時，在強調「華夷」政治一體化的同時，其也著重強調了內地與邊疆、各個民族之間經濟上的互通有無，著力於疆域範圍之內的經濟整體化建設。這就從物質上亦即經濟上奠定了「大一統」思想的穩定發展，深深地影響著數千年來的中國歷史。其後，無論是哪一個民族入主中原，都以統一國家為使命，都以傳統「大一統」觀念為正統。特別是到了清朝時期，這種「大一統」的思想又得到了新的發展。雍正帝提出「有德者可得天下大統」的觀點，「舜為東夷之人，文王為西夷之人，曾何損於德乎！」「夫天地以仁愛為心，以載覆無私為量，是以德在內近者則大統集於內近，德在遠者則大統集於外遠……上天厭棄內地無有德者，方眷命我外夷為內地主」，〔註 19〕並且進一步指出在清朝的大一統政治之下，再無華夷之別，內外之分，「本朝之為滿洲，猶中國之有籍貫」。〔註 20〕雍正帝在此強調中外一家，內外無別。這樣就抽去了「大一統」之中「華夷之辨」的內容，剔除了正統論中民族偏見的成分，逐漸形成了以推重「大一統」政權為核心，以政權承襲關係為主線、取消華夷之辨的新的「大一統」思想觀念。應該說，這種以國家為中心的「大一統」觀念，是過去以民族為中心的「大一統」觀念的發展，其與大一統民族思想相輔相成，共同維護著傳統的多民族國家的繁榮發展。

中華民族觀念的形成應該說是歷史長期發展的產物，她與中國疆域的形成和「大一統」思想的出現有著很大的關係。特別是到了近代，鴉片戰爭以後，中國逐步淪為半殖民地半封建社會，在列強侵凌壓迫之下的各族人民奮起抗爭，在中國人民反抗外敵入侵的歷次戰爭中，各族人民同心同德、齊心協力，共同譜寫了中國歷史上悲壯的一頁。

1913 年，內蒙古西部 22 部 34 旗王公在歸綏召開西蒙古王公會議，通電聲明「數百年來，漢蒙久成一家」，「我蒙同係中華民族，自宜一體出力，維持民國」。〔註 21〕這是第一次在政治文告中，由少數民族代表人物宣告中國少數民族同屬中華民族的一部分，標誌著中華民族新的覺醒和由自在的民族實

〔註 17〕 賈誼：《賈誼集·王美》，上海：上海人民出版社，1976 年。
〔註 18〕 賈誼：《賈誼集·威不言》，上海：上海人民出版社，1976 年。
〔註 19〕 雍正：《大義覺迷錄》，卷 1，北京：中國城市出版社，1999 年。
〔註 20〕 《清世宗實錄》，雍正七年己酉九月壬申朔。
〔註 21〕 《西蒙會議始末記》，西盟王公會議招待所編，第 41～45 頁。

體嬗變爲自爲的民族實體。1922 年梁啓超先生在《歷史上中國民族之研究》對中華民族有了一個新的論述「凡遇一他族而立刻有『我中國人『之一觀念浮於其腦際者，此人即中華民族一員也」。〔註22〕這句話明確指出「中國人」與「中華民族」這兩個概念是統一的整體。有了中國人的概念就有了中華民族的自覺，中華民族的自覺意識和中國人的自覺意識是同一的。近代「大一統」觀念的形成和中華民族自覺意識的出現，爲民國政府民族政策的形成奠定了思想基礎。

第三節　孫中山民族主義思想及宗教思想

一、孫中山民族主義思想之形成

　　孫中山先生作爲中國民主革命的先行者，他領導中國人民推翻了 2000 多年的封建君主專制制度，建立了近代中國歷史上第一個民主共和國；同時他又是一位偉大的思想家，他的「三民主義」偉大思想影響了 20 世紀之初的一大批政治家，在中國的政治思想史上有著重要的歷史地位。特別是其民族主義思想對於中華民國政府的民族政策的制定和實施產生了重大的影響。

　　1905 年同盟會成立，就提出了「驅除韃虜，恢復中華」的口號。之後一段時期，孫中山一直都持有這種反滿的民族主義思想。在這一時期的革命黨人的言論、著作當中皆以反滿作爲言論的中心。但是這些早期的民族主義者在提倡反滿同時，開始大聲疾呼，號召建立起一個統一的民族國家。受其思想之影響，孫中山開始對早期的民族主義思想進行了思考。對於反滿思想，他認爲「我們推翻滿州政府，從驅除滿人那一面說是民族革命；從顛覆君主政體那一面說是政治革命」，「照現在的政治體制論起來，就算漢人爲君主，也不能不革命」。〔註23〕

　　後來在歷次的革命鬥爭和在國外的流亡中，在總結歷次鬥爭經驗及受國外思想影響的基礎上，孫中山對早期民族主義的認識又有了新的發展。在後來的演說中他又提到「民族主義就是國族主義，中國人最崇拜的是家族主義和宗族主義，沒有國族主義，外國旁觀的人說中國是一片散沙，這個原因在

〔註22〕梁啓超：《飲冰室合集》，第 41 卷，北京：中華書局，1989 年。
〔註23〕孫中山：《孫中山全集》，第 1 卷，北京：中華書局，1985 年，第 325 頁。

什麼地方呢，就是因為一般人只有民族主義和宗族主義，沒有國族主義」，
〔註 24〕孫中山早期的民族主義思想雖然說充滿了革命色彩，但是不能否認
的是其間充斥了大量的較為狹隘的民族主義色彩。在當時的客觀情況之下，
作為一種革命號召，其所起到的凝聚作用還是不容忽視的。對此，吳玉章在
《辛亥革命》中指出，孫中山的反滿口號太簡單了，結果把一切仇恨都集中
到滿族統治者身上，這可以說摻雜著漢族主義情緒，無論對封建主義和帝國
主義都沒有認識清楚。孫中山後來也認識到了這一點，並開始逐步突破早期
民族主義思想的局限：「我們並不是恨滿洲人，是恨害漢人的滿洲人」，「兄
弟曾聽人說，民族革命是要滅絕滿洲民族，這話大錯」。〔註 25〕事實上「驅
除韃虜」只是作為一種鬥爭口號，在後來的實踐當中，其並未付諸實施。

　　1912 年辛亥革命成功，中華民國建立。孫中山在《在南京同盟會會員餞
別會的演說》中說「今日滿清退位，中華民國成立，民族、民權兩主義俱達
到，惟民生主義尚未著手，今後吾人所當致力即在此事」，〔註 26〕後來在臨
時大總統宣言書中，孫中山把民族主義思想發展到了一個新的高度「國家之
本，在於人民。合漢、滿、蒙、回、藏諸地為一國，即合漢、滿、蒙、回、
藏諸族為一人。是日民族之統一」，〔註 27〕他在《致貢桑諾爾布等蒙古各王
公電》中說「合全國人民，無分漢、滿、蒙、回、藏，相與共享人類之自由」。
〔註 28〕到了其《布告國民消融意見蠲除畛域文》中，更是明確提出了「中華
民國之建設，專為擁護億兆國民之權利，合漢、滿、蒙、回、藏為一家，相
與和衷共濟……而今而後，務當消融意見，蠲除畛域」，〔註 29〕在此基礎之上，
孫中山提出了「五族共和」的思想。「仿美利堅底規模，把漢、滿、蒙、藏、
回五族化成一個中華民族，組成一個民族底國家」，漢族應該「與滿、蒙、回、
藏人民相見與誠，合為一爐而治之，以成中華民族之新主義」。〔註 30〕在孫中
山此時的民族主義之中融合進去了新的民族平等的成分，「漢、滿、蒙、回、
藏五大族中，滿族獨佔優勝之地位，握無上之權力，以壓制其他四族。滿族

〔註 24〕 孫中山：《孫中山選集》，北京：人民出版社，1981 年，第 147 頁。
〔註 25〕 孫中山：《孫中山全集》，第 1 卷，北京：中華書局，1981 年，第 325 頁。
〔註 26〕 孫中山：《孫中山全集》，第 2 卷，北京：中華書局，1982 年，1982 年。
〔註 27〕 孫中山：《孫中山全集》，第 2 卷，北京：中華書局，1982 年，第 2 頁。
〔註 28〕 孫中山：《孫中山全集》，第 2 卷，北京：中華書局，1982 年，第 48 頁。
〔註 29〕 孫中山：《孫中山全集》，第 2 卷，北京：中華書局，1982 年，第 105 頁。
〔註 30〕 孫中山：《孫中山文集》（上冊），北京：團結出版社，1997 年，第 39 頁。

爲主人，而他四族皆奴隸，其種族不平等，達於極點。種族不平等，自然政治亦不能平等，是以有革命」，「革命之功用，在使不平等歸於平等」，「今者五族一家，立於平等地位」。〔註31〕

　　1912 年中華民國成立，孫中山宣稱民族主義目標已經達到，在以後差不多七年多的時間裏，孫中山很少再談到民族主義，之後孫中山才又重新提起民族主義，只是此時的民族主義明確地以反對帝國主義爲主要內容。1919 年他對赴法留學生談到「中國還是一個貧弱的國家，事事都受世界列強的干涉和壓迫。我們全國同胞，尤其是知識分子，必須大家齊心參加革命，才能使中國得到獨立自由和平等」，〔註32〕1921 年《在桂林對滇贛粵軍的演說》中，孫中山言道「滿清雖已推倒，而已失之國權與土地仍操諸外國，未能收回。以言國權，如海關則歸其掌握，條約則受其束縛，領事裁判權則猶未撤銷；以言土地，威海衛入於英，旅順入於日，青島入於德。德國敗後，而山東問題尚復受制於日本，至今不能歸還。由此現象觀之，中華民國固未可謂完全獨立國家也」。〔註33〕因之，孫中山對民族主義思想進行了新的思考，「中國形式上是獨立國家，實際比亡了國的高麗都不如。……似此，民族主義能認爲滿足成功否？所以國民不特要從民權、民生上做工夫，同時並應該發展民族自決的能力，團結起來奮鬥，使中國在世界上成爲一獨立國家」。〔註34〕爲此，在後來的《中國國民黨第一次全國代表大會宣言》中特別提到「一切不平等條約，如外人租借地、領事裁判權、外人管理關稅權，以及外人在中國境內行使一切政治的權力侵害中國主權者，皆當取消，重定雙方平等，互尊主權之條約」，「中國與列強所定其他條約有損中國之利益者，須重新審定，務以不害雙方主權爲原則」。〔註35〕至是，孫中山的民族主義思想有了根本改變，從追求推翻封建帝制，建立五族共和發展到維護民族獨立尊嚴，反對帝國主義的民族壓迫，並且以此爲後來的奮鬥目標，在中華民族獨立自強的發展道路中起到了巨大的影響作用。

　　辛亥革命以後，鑒於共和已經建立，民族壓迫的滿清政府業已推翻，孫

〔註31〕孫中山：《孫中山全集》，第 2 卷，北京：中華書局，1982 年，第 439 頁。
〔註32〕張道藩：《酸甜苦辣的回味》，臺北，《傳記文學》第 1 卷第 6 期（1962 年版）。
〔註33〕孫中山：《孫中山全集》，第 6 卷，北京：中華書局，1985 年，第 24、25 頁。
〔註34〕孫中山：《孫中山全集》，第 7 卷，北京：中華書局，1985 年，第 34 頁。
〔註35〕榮孟源：《中國國民黨歷次代表大會及中央全會資料》（上冊），北京：光明日報出版社，1985 年，第 20 頁。

中山提出了「五族共和」作為民族主義的綱領，強調各民族在政治、宗教和
經濟上都應該享有平等地位和平等權利。他在多種場合強調「今我共和成
立，凡屬蒙、藏、青海、回疆同胞，在昔之受壓制於一部者，今皆得為國家
主體，皆為共和國之主人翁，即皆能取得國家參政權」，〔註36〕「今日中華
民國成立，漢、滿、蒙、回、藏五族合為一體，革去專制，建設共和，人人
脫去奴隸圈⋯⋯族無分漢、滿、蒙、回、藏，皆得享共和之權利，亦當盡共
和之義務」，〔註37〕「政治既經改良，不惟五族人民平等，即五族宗教亦平
等」，〔註38〕「現五族一家，各於政治上有發言權」。〔註39〕對於各民族之間
關係，孫中山在「五族共和會」與「西北協進會」演說中呼籲「五大民族相
愛如親，如兄如弟，以同赴國家之事」，〔註40〕「凡我國民，均應互相團結，
以致共和政治於完善之域」。〔註41〕到了晚年，孫中山民族思想在民族團結、
民族平等基礎上又有了新的發展。他主張建設一「大中華民族」來取代「五
族共和」，認為前期的 「五族共和」的提法不足以體現民族平等、民族團結，
「我們國內何止五族呢？我的意思，應該把我們中國所有各民族融成一個中
華民族（如美國，本是歐洲許多民族合起來的，現在只成了美國一個民族，
為世界上最有光榮的民族）；並且要把中華民族造成很文明的民族，然後民族
主義乃為完了」，〔註42〕對於五族，他認為「吾國今日既曰五族共和矣；然曰
五族，固顯然猶有一界限在也。欲泯此界限，以發揚光大之，成為世界上有
能力、有聲譽之民族，則莫如舉漢、滿等名稱俱廢之，努力於文化及精神的
調洽，建設一大中華民族」，〔註43〕因此他主張以美國為榜樣「務使滿、蒙、
回、藏同化於我漢族，成一大民主義的國家」，〔註44〕漢族也應當「犧牲其血
統、歷史與夫自尊自大之名稱，而與滿蒙回藏人民相見與誠，合為一爐而冶
之，以成一中華民族之新主義」。〔註45〕1923 年 1 月，在《中國國民黨宣言》

〔註36〕 孫中山：《孫中山集外集》，上海：上海人民出版社，1990 年，第 44 頁。

〔註37〕 孫中山：《孫中山全集》，第 2 卷，北京：中華書局，1982 年，第 451 頁。

〔註38〕 孫中山：《孫中山集外集》，上海：上海人民出版社，1990 年，第 65 頁。

〔註39〕 孫中山：《孫中山全集》，第 2 卷，北京：中華書局，1982 年，第 469 頁。

〔註40〕 孫中山：《孫中山全集》，第 2 卷，北京：中華書局，1982 年，第 440 頁。

〔註41〕 孫中山：《孫中山全集》，第 2 卷，北京：中華書局，1982 年，第 470 頁。

〔註42〕 孫中山：《孫中山全集》，第 5 卷，北京：中華書局，1985 年，第 394 頁。

〔註43〕 孫中山：《孫中山集外集》，上海：上海人民出版社，1990 年，第 29 頁。

〔註44〕 孫中山：《孫中山全集》，第 5 卷，北京：中華書局，1985 年，第 473～474
頁。

〔註45〕 孫中山：《孫中山全集》，第 5 卷，北京：中華書局，1985 年，第 187 頁。

中正式提出「吾黨所持之民族主義，消極的爲除去民族間之不平等，積極的爲團結國內各民族，完成一大中華民族」，在《中國國民黨黨綱》中也強調「以本國現有民族構成大中華民族，實現民族的國家」。〔註46〕

孫中山民族主義思想之影響。在孫中山的三民主義之中，對近代中國影響最大的要屬民族主義的提出。在其早期的「驅除韃虜，恢復中華」之號召下，推翻了封建專制，建立起來了民族共和，之後，又在「五族共和」、「五族一家」旗幟之下維護了國家統一和民族團結，國民黨一大以後，孫中山又提出了對外堅持反對帝國主義，爭取中華民族的獨立解放；對內主張實行民族平等、民族自治自決和聯合、注意幫助少數民族發展經濟和文化以及聯合世界上以平等待我之民族的新思想，爲振興中華、民族平等、民族團結、維護國家統一和獨立，起到了不可替代的作用。民國成立後，孫中山提出了一整套建國方略，其中極爲重要的就是要發展民族經濟、開發民族地區，修建邊疆鐵路、開發邊疆資源，加快民族地區經濟文化建設。

民國政府成立之後，政府專門在中央設置蒙藏事務局，後改爲蒙藏院和蒙藏委員會，隸屬於中央行政院，主要管理蒙藏事務。在內蒙地區沿用前朝的盟旗制度，西藏、外蒙則爲兩個省級特別區，在南方少數民族地區繼續清代的土司制度，在當時之歷史條件之下，最大程度的把各個民族團結在新生的共和國之中。

二、孫中山之宗教思想

孫中山在他的很多文章與講演中都談論到宗教問題，作爲中國近代史上的思想家，宗教思想也是孫中山思想之中的一個重要組成部分。其在宗教方面主要思想表現在下面幾個部分。

宗教信仰自由，各宗教一律平等。1912 年南京臨時政府成立之後，在《臨時約法》中明確規定「人民有信教之自由」。1912 年初，孫中山親自致函「中國佛教會」，告知其「所要求者，盡爲約法所容許」，〔註47〕並飭令教育部准予立案，同年 4 月，敬安和尚等人在上海成立「中華佛教總會」，也獲得南京臨時政府的批准。1912 年 9 月，孫中山在北京回教俱樂部歡迎會上強調，中華民國「不惟五族平等，即宗教也平等」，他勉勵伊斯蘭教徒「以宗教感情，

〔註46〕孫中山：《孫中山全集》，第 7 卷，北京：中華書局，1985 年，第 4～5 頁。
〔註47〕孫中山：《孫中山全集》，第 2 卷，北京：中華書局，1982 年，第 277 頁。

聯絡全國回教中人，發其愛國思想，擴充回教勢力，恢復回教狀態」；〔註48〕
對於基督教、天主教，孫中山認爲在前清時期其不能夠「自由信仰，自立傳
教」〔註49〕，民國成立後人民有宗教信仰之自由，就可以避免以前基督教傳
播過程中的矛盾，眞正做到信教、傳教的自由。

　　政教分離，不允許教會干預政治。1912 年，孫中山在給歐陽漸等人的信
函中強調「近世各國政教之分甚嚴，在教徒苦心修持絕不干預政治，而在國
家盡力保護不稍吝惜，此種美風，最可效法」〔註50〕，1925 年 3 月，孫中山
在北京逝世，彌留之際一再強調「政教分離」〔註 51〕，作爲一名民主革命的
先驅，孫中山對此也是身體力行，雖然其本人是爲基督教教徒，但是在後人
的回憶中「余在日本及美洲與總理相處多年，見其除假座基督教堂講演革命
外，足跡從未履禮拜堂一步」。〔註 52〕但是孫中山所主張的政教分離，主要是
指教會（即宗教組織）不得干預國家政治，相對於廣大教徒而言，他則是主
張「問政治」、「與聞國事」。1923 年 10 月，孫中山在廣州對全國基督教青年
會發表演說，特地用美國基督教青年會「熱心討論」總統選舉，以及歐戰中
各國教徒保衛祖國「捨身打仗」的例子，鼓勵中國的宗教教徒關心國家政治
前途及民族命運，發揚愛國主義的偉大精神。

　　利用宗教來改良道德，以利於政治建設的推進。早在 1897 年 3 月，孫中
山在《中國的現在和未來》一文中就認爲中國的「種種弊病確實根源於道德」，
〔註53〕1923 年 10 月他又講到「爲什麼我們的國際地位一落千丈呢？這就是因
爲我們中國人不自振作，所謂墮落，墮落的原因，就在於不講人格」，〔註54〕
而要解決這類問題，在當時之中國只有求助於宗教上之解決。他認爲「宗教
富於道德」，〔註55〕具有「消滅獸性」、「造成人格」、「發生神性」〔註56〕的優
點，能使人達到道德完善、心靈淨化的和諧境界。流行於中國的各種宗教大

〔註48〕孫中山：《孫中山全集》，第 2 卷，北京：中華書局，1982 年，第 477 頁。
〔註49〕孫中山：《孫中山全集》，第 2 卷，北京：中華書局，1982 年，第 361 頁。
〔註50〕孫中山：《孫中山全集》，第 2 卷，北京：中華書局，1982 年，第 277 頁。
〔註51〕《申報》，1925 年 3 月 28 日。
〔註52〕馮自由：《革命逸史》，第二集，北京：新星出版社，2009 年，第 12 頁。
〔註53〕《孫中山全集》第 1 卷（有此文無此句），轉引自〔美〕史扶鄰：《孫中山與
　　　　中國革命的起源》，北京：中國社會科學出版社，1981 年，第 115 頁。
〔註54〕孫中山：《孫中山全集》，第 8 卷，北京：中華書局，1985 年，第 320 頁。
〔註55〕孫中山：《孫中山全集》，第 2 卷，北京：中華書局，1982 年，第 277 頁。
〔註56〕孫中山：《孫中山全集》，第 8 卷，北京：中華書局，1985 年，第 317 頁。

抵都有「和平」、「戒殺」、「戒貪」、「愛人」、「捨己爲人」、「寬恕」等內容，
孫中山希望「以宗教上之道德，補政治之所不及」，〔註57〕亦即在國家法律制
度所不及之處，孫中山希望依賴宗教教義所規定的準則來進行調整規範。所
以其主張通過「政治與宗教互相提攜」，使「民德自臻上理」，〔註58〕以達到
「人格救國」。

　　在宗教文化上，孫中山的思想也呈現出近代的取捨趨向。在其整個的思
想體系之中，孫中山對於中國固有之思想文化也多有因襲之處，但是在因襲
同時，擯棄了儒釋道，轉而信仰了帶有近代西方文明特徵的基督教，他認爲
「基督教的經典，是文化的法規。我們把本國的文化，與信奉基督教國的文
化兩相比較，就看出，本國的宗教，不能使本國的文化進步，如孔教、道教、
佛教，只能保守本國數千年以來的狀態。至於基督教呢，他是與近代文化一
同向前進展的……本國人定要用基督教做個基礎，建築一個新的文化，使世
界各國都尊重這個民族」。〔註59〕在近代中西文化衝突的歷史背景下，資產階
級化了的西方基督教之中也注入了某些客觀或表象上曾充當過傳播西方近代
文明的媒介，孫中山在「規復歐洲之學說事蹟」的基礎之上，構築了其三民
主義的思想體系，對於其中的一些積極的宗教因素作過某種程度上的抽象借
取和創造性的轉化，使之發揮其積極作用，擺脫傳統宗教的束縛，把其宗教
文化思想的觸角伸向近代西方的先進文化。

〔註57〕孫中山：《孫中山全集》，第 2 卷，北京：中華書局，1982 年，第 447 頁。
〔註58〕孫中山：《孫中山全集》，第 2 卷，北京：中華書局，1982 年，第 568～569
　　　　頁。
〔註59〕殷子恒錄《武昌日知會與耶教之關係》，中國社會科學院近代史研究所藏稿本。

第三章　民國政府之西北民族政策
（1912～1916）

　　1912 年，中華民國宣告成立，但是其所面臨著嚴重的政治紛爭。南京臨時政府雖然名義上取消，而國民黨方面實際控制著廣大南方地區，雖則國內政治走上了議會道路，但政治紛爭、軍事割據的形勢並沒有根本上有所改觀。在西北邊疆地區，英、俄加緊了侵略分裂的步伐，邊疆危機日益嚴重。在對外無力抗衡情況之下，民國政府把重點放在國內民族政策上，以圖羈縻籠絡邊疆地區民族宗教人士，維護邊疆穩定，以便日後徐徐圖之。

第一節　問題之所在

　　1912 年 1 月 1 日，中華民國成立，2 月 12 日，隆裕皇太后向全國頒佈懿旨「由袁世凱以全權組織臨時共和政府，與軍民協商統一辦法。總期人民安堵，海宇乂安，仍合滿、漢、蒙、回、藏五族完全領土為一大中華民國」，[註1] 同年 4 月 1 日，袁世凱在北京宣誓「依國民之願望」[註2] 接替孫中山成為中華民國大總統。中華民國步入正式政治軌道。

　　但是民國政府成立以後，西北地區所面臨的形勢更加複雜。

〔註 1〕第二歷史檔案館：《中華民國史檔案資料彙編》，第一輯，南京：江蘇古籍出版社，1979 年，第 217 頁。
〔註 2〕陸純素：《袁大總統書牘彙編・文辭》，上海：上海廣益書局，1914 年，第 1 頁。

一、外患不已

早在 1897 年 11 月，俄國在向德國提出的備忘錄中就提到「中國北部各省、包括全部滿洲、直隸及新疆在內，是我們獨佔行動範圍的原則」，「我們不能讓任何外國政治勢力侵入這些地區」。〔註3〕1901 年 2 月，沙俄領事彼羅夫斯基以「辦理郵政事務」為藉口，侵佔喀什噶爾西南交通要道色勒庫爾。1911 年 10 月 10 日，辛亥革命爆發，俄國《新時報》發表文章稱「如果不利用我們鄰國中國的衰弱以實現我們帝國的理想，實在是愚蠢到犯罪的程度」。〔註4〕11 月初，尼拉托夫在給沙皇的奏摺中提出「中華帝國的解體在各方面都是合意的，我們可以利用情況以便完成我國移民事業及鞏固我國的邊疆」。〔註5〕在此政策之下，1911 年 12 月，沙俄先是支持外蒙獨立，繼而外蒙方面侵佔烏里雅蘇臺與科布多，同時向中國伊犁、喀什噶爾、阿爾泰三地出兵。

1912 年 5 月 8 日，200 餘哥薩克馬隊強行進入寧遠，〔註6〕1912 年 6 月 22 日，沙俄又派遣由 300 名哥薩克軍人並兩個步兵連及三挺機槍組成的部隊進入喀什。〔註7〕1913 年 9 月，復派兵 1500 餘侵入承化寺，強佔土地、砍伐樹木、建築營房、架設電線、設立郵局、安設哨卡、盤查行人。〔註8〕1912 年 1 月，俄國駐華代理公使提出立即佔領唐努烏梁海的緊急報告，1913 年沙皇政府在唐努烏梁海地區設置「邊境專員」和「移民官員」，1914 年 6 月，決定對該地區實行「保護」。

在軍事侵略的同時，沙俄利用領事裁判權加強了對中國西北邊疆地區的政治控制，強迫政府撤換對其不屈從的地方官吏，代之以親俄勢力。在沙俄軍事政治力量的支持下，大批俄國游民進入伊犁、阿爾泰邊疆地區，放牧墾荒，搶佔中國居民的土地牧場，意欲造成即成事實。為了從根本上佔領新疆，沙俄通過種種誘惑、強迫手段在南疆地區發放大量的通商票，非法發展俄僑，此種隱患，時人一針見地「若長此不止，恐人民去而土地隨之，天山南路，

〔註3〕孫瑞芹譯：《德國外交文件有關中國交涉史料選譯》，第 1 卷，北京：商務印書館，1960 年，第 210 頁。

〔註4〕達林：《俄國在亞洲的興起》，美國耶魯大學出版，1949 年，第 104 頁。

〔註5〕〔蘇聯〕《紅檔》雜誌，1926 年第 5 卷，第 75～76 頁。

〔註6〕莫斯科中央國家軍事史檔案館，全宗 2000，案卷 3669，第 62 頁。

〔註7〕莫斯科中央國家軍事史檔案館，全宗 2000，案卷 3669，第 65 頁。

〔註8〕《承化寺俄兵案》，《政務司各國懸案選輯》。

不難立淪異域」。〔註9〕

在政治、軍事侵略同時，沙俄加強了經濟上對新疆的控制，使得新疆變為其原材料生產地和商品輸出地，從而操縱和控制了新疆的經濟命脈。

於沙俄侵略新疆的同時，英國也加強了對南疆地區的滲透，以圖「盡我們最大的努力以避免俄國人在我們的側翼活動」，阻止「俄國人南下的步伐」，〔註10〕基於此點之考慮，英國亦制定了相應的新疆政策：盡力改善英屬印度商人在新疆的貿易環境，利用最惠國待遇，擴展英國在新疆的特權和影響，整頓並發展英籍僑民，建立英國在新疆社會的基礎。〔註11〕據《新疆圖志》所載，清末英國僑民人數已達 1295 戶，3100 多人。〔註12〕這些英屬印度僑民，在塔里木流域，數量驚人，僅葉爾羌一隅，常川駐有印度商業代表 150 餘人之多，英吉沙尔之印人，放債者居多，且甚為活動。〔註13〕這些英僑在新疆的活動，嚴重影響了新疆的社會安定和中國主權，成了之後南疆地區動盪不安的隱患。

1893 年《中英藏續約》簽訂後，英國取得了在西藏問題上的主動權，此種情況之下，俄國轉而注重於貿易上的滲透。英國官員認為「相對來說，則城貿易在印度的整個貿易中當然沒有什麼意義，但是俄國商品在那兒出現，表明一種新的和令人不願意看到的貿易流向，這種趨向可能比武裝探險或者科學考察更能有效地拓寬對抗性影響的範圍」。〔註14〕之後，英國亦相應加強了在南疆地區的貿易，以圖與沙俄相抗衡。因之，在之後的十幾年中，英國加大了對新疆的工業品貿易，同沙俄一樣把新疆變為其原材料輸出地。雖然說相對於俄國經濟侵略而言，英國的規模與程度都比較輕，但是，其最終通過經濟貿易上的活動達到了政治目的，那就是 1911 年英國駐喀什噶爾總領事館成立，使英國在新疆獲得了一個立足點，便利了英國對新疆的侵略。

〔註 9〕《西北雜誌》，1913 年第 3 期，附錄。

〔註10〕R Greaves, Persia and the Defense of India （London，1959）pp.35～36.

〔註11〕許建英：《近代英國和中國新疆（1840～1911）》，哈爾濱：黑龍江教育出版社，2004 年，第 232～233 頁。

〔註12〕王樹枏、王學曾：《新疆圖志》，第 58 卷，交涉六，上海：上海古籍出版社，1992 年，第 516～520 頁。

〔註13〕黃定初：《帝國主義侵略下我國邊疆之危機》，《邊政研究》，第二卷第五期，《民國邊事研究文獻彙編》，第四冊，第 664 頁。

〔註14〕大英圖書館印度事務部檔案，L/P&S/12/73，印度政府外交部致女王政府印度事務大臣（密件，邊疆，1894 年，第 50 號），「拉達克英國聯合委員會高德弗致克什米爾駐點官巴爾」（1893 年 12 月 14 日，第 488 號）。

二、內憂不斷

內憂之中首爲蒙古問題。清朝治理蒙古，概而言之，理藩院則例有利用喇嘛教。魏源《聖武記》載「蒙古崇信黃教，不獨明塞息十五年之烽燧，且開本朝二百年之太平」。〔註15〕禁止蒙人建造房屋演聽戲曲，只准以滿洲蒙古字義命名，不須取用漢人字義，不可任令學習漢字，內地人民，居留蒙境，不得與蒙古婦女結婚等。〔註16〕運用階級制度，優遇蒙古王公，推行滿蒙聯姻。厲行保護畜牧政策。後來隨著形勢的變化，1910 年，清政府發佈了理藩部關於籌辦蒙務應酌情變通舊例的奏議：

（1）變通禁止出邊開墾各條

（2）變通禁止民人聘娶蒙古婦女之條。

（3）變通禁止蒙古行用漢文各條。〔註17〕

隨著清末新政在全國範圍內推行，清政府關於蒙古改制問題逐漸提上議事日程。因該說，清末蒙政革新在歷史發展過程中有著其積極意義。但是由於新政推行中存在用人非宜，造成大臣與蒙古地方失和，放墾蒙荒，危及到廣大蒙民生計，且邊民大量湧入及與之相應政治管理的跟進，在一定程度上引起蒙古王公札薩克的不滿；籌設省治雖未實施，但已經引起蒙古王公的惶恐，對達賴喇嘛封號之革除，亦引起了宗教上層的震動。在先期準備還爲充分的情況下，冒言新政，亦導致蒙眾人心惶惶。這樣就爲沙俄分裂蒙古造成了可乘之機。

外蒙宣佈獨立以後，先陷科布多，進而進犯阿爾泰。雖則迭爲新疆方面所敗「但新蒙交界，沿邊二千里，防不勝防。新省的內蒙古諸部不爲庫倫所惑，一則是王公深明大義，二則亦懾於兵威。若我方戰敗，則新省之勢不可收拾」。〔註18〕且外蒙宣佈獨立後，大倡統一蒙古之聲浪，時派人深入新疆、甘肅等地，於蒙人部落所居之地，暗地實行勾結手段。當其宣佈獨立之時，曾有蒙人萬餘，由札薩克率領，因反對外蒙獨立，逃至馬鬃山以南地區，未

〔註15〕 魏源：《聖武記》，卷 12，四部備要本，第 249 頁。

〔註16〕 趙雲田點校：《欽定大清會典事例・理藩院》，北京：中國藏學出版社，2006 年，第 403～406 頁

〔註17〕 《宣統政紀》，卷 41，第 727～728 頁。

〔註18〕 曾問吾：《外蒙古侵略新疆之近史》，《邊事研究》1934 年創刊號，《民國邊事研究文獻彙編》，第三冊，北京：國家圖書館，2009 年，第 100 頁。

幾，札薩克被（外蒙方面）派人暗殺。〔註19〕

其次爲西藏問題。1910 年 2 月 12 日，川軍抵達拉薩，達賴恐遭危險，攜其左右逃往印度。1910 年 2 月 25 日，清政府發佈上諭稱「達賴上負國恩，下辜眾望，不足爲各呼圖克圖之領袖，阿旺羅布藏吐布丹嘉措濟寨汪曲卻勒郎結著即革去達賴喇嘛號，以示懲處」。〔註20〕但是，清政府革除達賴名號的做法，並未起到震懾藏人、控制局面的作用，相反「不期藏人蔑視此項上諭，仍然擁戴達賴十三，而服從其命令」。〔註21〕辛亥之時，英國趁中國內亂，與民元六月，武裝護送達賴回藏，並親自導演了所謂的《西姆拉條約》，意圖迫使民國政府承認「外藏（青海、里塘、巴塘等處並打箭爐）有自治權，所有外藏內政由拉薩政府管理」。〔註22〕之後，在英國軍事支持之下，川軍、藏軍爆發戰爭。西藏局勢的演變，一方面對蒙藏地區信仰藏傳佛教的廣大僧侶民眾在宗教領域內造成了混亂，另一方面，亦對甘屬青海之地的安全構成了威脅，導致了後來青藏戰爭的爆發。

1913 年 12 月，外蒙方面和西藏方面簽訂了所謂的《蒙藏條約》，條約規定：

（1）達賴喇嘛承認蒙古的自治權及辛亥十一月九日所成立的黃教教主的活佛獨立國。

（2）蒙古政府承認西藏的自治及宗教教主的達賴喇嘛的地位。〔註23〕

至此，民國初年的西北，歷史遺留與現實衝突，外部勢力與民族矛盾，中央政府與地方勢力，各種矛盾問題相互交織，在各個方面都對民國初年西北地區的穩定構成了威脅，特別是歷史和現實上的民族宗教問題，更成爲影響西北地區穩定的重大因素。因之，民國之初，便制定實施了一系則的民族政策，以圖穩定西北地區的政治局勢。

〔註19〕 《磴口糾紛解決》，《邊事研究》第三卷，第六期，《民國邊事研究文獻彙編》，第五冊，第 123 頁。

〔註20〕 《清朝政府宣佈廢除十三世達賴喇嘛》，許廣智、達瓦：《西藏地方近代史料選輯》，拉薩：西藏人民出版社，2007 年，第 322 頁。

〔註21〕 白眉初：《西藏始末紀要》，第 3 卷，北平建設圖書館，1930 年，第 26 頁。

〔註22〕 《未經中國簽字的所謂「西姆拉條約」》，許廣智，達瓦：《西藏地方近代史資料選輯》，拉薩：西藏人民出版社，2007 年，第 303 頁。

〔註23〕 〔日〕多買萬城著，張覺人譯：《喇嘛教及喇嘛與英俄關係》，《邊事研究》，第二卷，第三期，《民國邊事研究文獻彙編》，第四冊，第 513 頁。

第二節　政策之提出

一、西北民族政策之基礎

　　1912 年 3 月 25 日，袁世凱發佈《勸諭蒙藏令》，宣稱「凡我蒙藏人民，率從舊俗，作西北屏藩，安心內向……現政體改革，連共和五大民族，均歸平等。本大總統堅心毅力，誓將一切舊日專制弊政，悉心禁革，蒙藏地方尤應體察輿情，保守治安」，〔註24〕4 月，袁世凱發佈大總統令，強調「現在五族共和，凡蒙藏回疆各民族，即同為我中華民國國民，自不能如帝制時代再有藩屬之名稱，此後，蒙藏回疆等處，自應統籌規劃，以謀內政之統一，而冀民族之大同」，「在地方制度未經劃一規定之前，蒙藏回疆應辦事宜，均各仍照向例辦理」，〔註25〕1912 年 4 月 22 日，袁世凱在《中華民國大總統令》中規定「現在五族共和，凡蒙、藏、回疆各地方，同為我中華民國領土，則蒙藏回疆各民族，即同為我中華民國國民。此後蒙藏回疆等處，自應統籌規畫，以謀內政之統一，而冀民族之大同」，〔註26〕1913 年 12 月 23 日，袁世凱又先後頒佈大總統令，規定「自民國元年起所有進封蒙古各王公均准其照進封一位世襲罔替。其進爵二三次者仍按原有封爵准以進一位世襲罔替」，〔註27〕「所有蒙回王公充前清御前行走年久者應改授都翊衛使，御前行走年份較淺者應改授翊衛使，乾清門行走差使者應改授翊衛副使，充乾清門侍衛及大門侍衛者應改授翊衛官」。〔註28〕1914 年 5 月，《中華民國約法》正式頒佈，在民族與宗教方面規定「中華民國人民，無種族、階級、宗教之區別，均為平等，人民於法律範圍內，有信教之自由」，「中華民國元年二月十二日所宣佈之大清皇帝辭位後優待條件，清皇帝待遇條件，滿蒙回藏各族待遇條件，永不變更其效力。其與待遇條件有關係之蒙古待遇條件，仍繼續保有其效力；非依法律，不得變更之」。〔註29〕1915 年 1 月 30 日，蒙藏院制定《馭

〔註24〕《臨時政府公報》，1912 年 3 月 30 日，第 52 號。

〔註25〕陸純素：《袁大總統書牘彙編・政令》，上海：上海廣益書局，1914 年，第 9 頁。

〔註26〕《中華民國大總統令》，（1912 年 4 月 22 日），許廣智，達瓦：《西藏地方近代史資料選輯》，拉薩：西藏人民出版社，2007 年，第 349 頁。

〔註27〕《蒙藏委員會公報》第二十一期，第 514 頁。

〔註28〕《蒙藏委員會公報》第二十一期，第 529 頁。

〔註29〕中國藏學研究中心：《元以來西藏地方與中央政府關係檔案史料彙編》，北京：

蒙說帖》，其內容有「保全利益」、「優給俸餉」、「固護治權」、「聯合情誼」、「因仍習慣」、「增議優榮」等項，目的在於優遇蒙古，維護民國之五族共和局面。

二、政策之制定

（一）沿襲清朝西北之民族政策，籠絡各民族王公、頭人。

1912 年 8 月，民國政府頒佈《蒙古待遇條例》：

（1）嗣後各蒙古均不以藩屬待遇，應與內地一律。中央對於蒙古行政機關，亦不用理藩、殖民、拓殖等字樣。

（2）各蒙古王公原有之管轄治理權，一律照舊。

（3）內外蒙古汗、王公、臺吉、世爵各位號，應予照舊承襲，其在本旗所享之特權，亦照舊無異。

（4）唐努烏梁海五旗、阿爾泰烏梁海七旗，係屬副都統及總管治理，應就原來副都統及總管承接職任之人改為世爵。

（5）蒙古各地呼圖克圖喇嘛等原有之封號，概仍其舊。

（6）各蒙古對外交涉及邊防事務自應歸中央政府辦理，但中央政府認為關係地方重要事件者，得隨時交該地方行政機關參議，然後施行。

（7）蒙古王公、世爵俸餉，應從優支給。

（8）察哈爾之上都牧群、牛羊群地方，除已開墾設置之處仍舊設治外，可為蒙古王公籌劃生計之用。

（9）蒙古人通曉漢文並合法定資格者，得任用京外文武各職。〔註30〕

1912 年 9 月 20 日，袁世凱又頒佈《加進實贊共和之蒙古各札薩克王公封爵令》：

> 民國建設，聯合五族組織新邦，全賴各民族同力同心維持大局，方能富強，日進鞏固國基。現在邊事未靖，凡效忠民國實贊共和之蒙古各札薩克王公等均屬有功大局，允宜各照原有封爵加進一位。汗王等無爵可進者封其子，若孫一人以昭榮典。其著有異常功績或首翊共和或力支邊局以及勸諭各旗拒逆助順者，並應另加優獎。〔註31〕

中國藏學出版社，1994 年，第 2346 頁。

〔註30〕《政府公報》（北洋政府），1912 年 8 月 21 日，第 113 號。

〔註31〕《政府公報》（北洋政府），1912 年 1 月 21 日，第 144 號

1913 年 1 月 19 日，袁世凱頒佈《蒙回藏王公等爵章條例》：

（1）本條例所定分質地形式規定之。

（2）爵章用景泰藍質。汗、親王用黃地，郡王紅地、貝勒白地、貝子綠地、公藍地。

（3）爵章圓徑形式如一等嘉禾章上層所配者。

（4）蒙藏爵章得依其宗教上之慣例中繪三寶紋樣，回爵章亦得依其宗教上之慣例，中繪日月合璧五星聯珠紋樣。

（5）中間隔道白圈內分別用漢蒙回藏合璧文字，漢文用篆體書親王之章或郡王之章等字樣。

（6）蒙回藏爵章於中心微點嵌寶石裏面用針以便佩帶。〔註32〕

除了上述政策條例之外，民國初年又相繼制定了一系列的事關西北民族的政策：1912 年 12 月至 1913 年 6 月相繼公佈《蒙藏回之王公及呼圖克圖等公謁禮節》、《蒙回王公年班事宜》、《喇嘛等洞裏經班事宜》、《年班來京蒙古王公宴會禮節》、《喇嘛印信定式》、《民國成立初次來京蒙回藏王公等特別川資條例》、《蒙藏王公等服制條例》。民國政府制定之蒙藏條例，亦用於西北其他民族。因之，民國初年，在西北繼續存在著舊有封建王公貴族、札薩克、土司、部落頭人等傳統力量，並且民國政府在原有基礎上對其進行加封晉封，以圖取得其對民國政府的擁戴，維護西北地區的安定。

民國初年西北地區王公札薩克現狀表：〔註33〕

地區部落			現爵	員名	封襲年	榮典	兼差	原封年
甘肅	阿拉善	西套額魯特、阿拉善和碩特旗	札薩克和碩親王	塔旺布魯克札勒		2 年賞親王雙俸並予一等嘉禾、	2 年授翊衛使，13 年授都翊衛使	宣統 2 年
			附閒散鎮國公	普勒忠呢什爾				光緒30年
			附閒散鎮國公	勒旺諾爾布				光緒22年
	額濟納	額濟納額魯特	附閒散鎮國公	達都特旺蘇爾	1 年加封鎮國公			頭等臺吉

〔註32〕《政府公報》（北洋政府），1913 年 1 月 20 日，第 254 號。

〔註33〕根據蒙藏院編《內外蒙古王公札薩克銜名總表》（1915 年石印本）編製。

		附閒散鎮國公	達呢咱那	2 年加封輔國公		頭等臺吉
		貝子銜附閒散鎮國公	塔旺拉布坦	2 年晉封鎮國公加貝子銜		頭等臺吉
西寧府唐古特		輔國公	噶爾瑪林沁	1 年加封輔國公		總管
額魯特		輔國公	策林	2 年加封		總管
額濟納舊土爾扈特		親王銜札薩克	多羅郡王	1 年封郡王加親王銜	2 年授翊衛使副使	光緒26年封札薩克多羅貝勒
哈密		札薩克親王	沙木胡索特	4 年給予一等嘉禾章，賞食雙俸	4 年班授翊衛使	
		貝子	聶茲爾	4 年封		
吐魯番		札薩克親王	葉明和卓	2 年晉封		郡王
		鎮國公	郎木	2 年封		協理旗務伯克
庫車		親王	買買的明	2 年封		郡王
阿克蘇		郡王	哈迪爾	5 年晉封	5 年給予二等嘉禾章	郡王貝勒銜
拜城		貝子	司迪克	3 年晉封		輔國公
和田		鎮國公	不沙	2 年晉封		輔國公
烏什		貝子銜輔國公	依不拉引	2 年襲	11 年授二等嘉禾章	
黑宰部落		輔國公	阿刺巴特	2 年晉封		臺吉

（新疆）

　　為了進一步籠絡邊地人士，民國政府制定了《駐京及年班來京蒙古王公廩餼條例》，詳細規定了親王、郡王、貝勒、貝子、公爵、臺吉塔布囊、管旗章京、長史參領、看總府第、領催等盤費、口糧以及喇嘛盤費、口糧正副使等口糧、喇嘛錢糧、喇嘛每月米石等事宜，〔註 34〕對於進京之人員給予經濟

〔註34〕蒙藏事務局：《駐京及年班來京蒙古王公廩餼條例》，馬大正：《民國邊政史料彙編》，第 14 冊，北京：國家圖書館，2009 年，第 177～201 頁。

上種種優遇，藉此密切與邊地人民之情感。1913 年 2 月 2 日，額濟納旗郡王致函甘肅都督趙惟熙，並轉電袁世凱，表示贊成共和，對於庫倫私約決不承認，並表達了晉京面謁大總統之意。〔註 35〕

　　在沿用前朝舊制之時，民國政府更多的融入了近代國家民族政策思想。其主要表現在注重和吸收廣大少數民族代表人士參與國家的治理。在 1912 年 8 月 10 日公佈的《中華民國國會組織法》中規定：

　　……

　　第二條：參議院以左則各議員組成：……由蒙古選舉會選出者二十七名，青海選舉會選出者三名。

　　……

　　第四條：各省選出眾議院議員之名額：……甘肅十四名，新疆十名，蒙古二十七名，青海三名。〔註 36〕

在《參議院議員選舉法》中規定：

　　……

　　第二十五條：蒙古及青海之選舉區劃及議員名額之分配如左：……烏梁海 2 名，科布多及舊土爾扈特 3 名，阿拉善 1 名，額濟納 1 名，青海 3 名。

　　……

　　第二十七條：蒙古及青海選舉會依第二十五條規定之區劃以各該王公世爵或世職組織之。〔註 37〕

《眾議院議員選舉法》中亦有相似之規定：

　　……

　　第五條：凡有中華民國國籍之男子年滿二十五歲以上者，得被選舉爲眾議院議員，於蒙藏青海具有前項資格並通曉漢語者得被選舉爲眾議院議員。

　　……

〔註 35〕吳忠禮：《寧夏近代歷史紀年》，銀川：寧夏人民出版社，1987 年，第 151 頁。
〔註 36〕中國社會科學院近代史研究所：《北洋軍閥 1912～1918》，第一卷，武漢：武漢出版社，1900 年，第 686 頁。
〔註 37〕中國社會科學院近代史研究所：《北洋軍閥 1912～1918》，第一卷，武漢：武漢出版社，1900 年，第 690 頁。

第九十六條：蒙古西藏青海選舉區劃及議員名額之分配：……
烏梁海 2 名，阿拉善 1 名，額濟納 1 名，青海 3 名。〔註38〕

（二）宗教之政策

1912 年 10 月 28 日，袁世凱頒佈大總統令，恢復達賴喇嘛封號「現在共和成立，五族一家，前達賴喇嘛誠心內向，從前誤解自應捐棄，應即復封爲誠順贊化西天大自在佛，以期維持黃教，贊翊民國，同我太平」，次年 4 月 1 日，又加封班禪「致忠闡化」名號，以彰顯民國優待忠勳尊崇黃教之意。〔註39〕1913 年 5 月，民國政府表彰拉卜楞嘉木樣呼圖克圖「首贊共和、深明大義」，加封「靜覺妙嚴」名號；12 月表彰阿拉善旗「翊贊共和、維持秩序」的大批王公、官員、喇嘛。〔註40〕在民國初年 1912 年 9 月至 1914 年 4 月間，民國政府嘉獎的喇嘛教活佛、僧官等 118 位，蒙回藏等少數民族王公、官員 220 人。〔註41〕

民國政府成立後，對於贊翊共和、擁戴民國的哲赫忍耶教主馬元章先後授予「一等寶光嘉禾章」，「二等寶光嘉禾章」。一戰中，其又致電政府，表明竭誠擁護中央之決議，得到袁世凱稱讚，並爲其頒贈一等「稼禾」勳章。〔註42〕1912 年，土觀呼圖克圖七世在拉卜楞寺宣佈擁護共和，並派徒斯達巴等三人進京。袁世凱封土觀以「圓覺妙智」之號，賜坐黃幃車，賞銀 5000 兩。〔註43〕

民國政府成立後，先後爲新疆、蒙古的 40 餘處新建喇嘛廟頒賜廟名，並給新疆的 1 處新建清眞寺命名，並爲蒙回藏地區的活佛等上層人士多次代遞呈文、禮品等。〔註44〕

〔註38〕《政府公報》，1912 年 8 月 11 日，第 103 號。

〔註39〕許廣智，達瓦：《西藏地方近代史資料選輯》，拉薩：西藏人民出版社，2007年，第 350～351 頁。

〔註40〕《准塔旺布魯克札勒親王具呈申謝轉呈袁世凱文》（1914 年 1 月 13 日），周秋光：《熊希齡集》，長沙：湖南出版社，1996 年，第 815 頁。

〔註41〕孫宏年：《蒙藏事務局與民國初年的邊疆治理論析》，《中國邊疆史地研究》，2004 年第 1 期。

〔註42〕李九皋、劉懷仁：《馬元章史略》，《寧夏固原史志叢書》，銀川：寧夏人民出版社，1991 年，第 156 頁。

〔註43〕《夏河縣志》，蘭州：甘肅文化出版社，1999 年，第 55 頁。

〔註44〕孫宏年：《蒙藏事務局與民國初年的邊疆治理論析》，《中國邊疆史地研究》，2004 年第 1 期。

（三）文化之政策

民國政府成立後，為了促進民族之間的融合，蒙藏院提出：

> 蒙漢結婚，原無限制。從前蒙漢人民通婚者時所恒有，可聽其自由。〔註45〕

1912年4月13日，袁世凱頒佈《勸諭漢滿蒙回藏各族聯姻令》：

> 查舊例於漢滿、漢蒙皆有擅通婚姻禁令，而回藏兩族與漢族結婚者亦少。近年屢議豁除舊禁，疏通習俗，或頒佈而尚少奉行，或勸告而猶多疑阻，刻下共和伊始，五族一家，若仍於婚姻一節，有此疆彼界之拘，則睽隔殊多，何以免參差而昭聯合？為此用勸漢滿蒙回藏五大族，各宜互通婚姻。一以除異同之跡，一以期情誼之孚。其習俗確有窒礙，如纏足等類，均宜急為更改，所望五大族士紳耆老，苦口相勖，行聯合之實，使我五大民族，相愛於無極，所有各地方民政各機關，均即出示勸諭，俾眾周知。〔註46〕

在前述《眾議院議員選舉法》中亦有「通曉漢語」之規定。雖則是當時諸多因素所圍，但是從這些政策及其規定中，還是不難看出民國初年的文化政策上仍多少帶有大民族主義的文化同化色彩。

三、體制之構建

1912年4月22日，袁世凱發佈大總統令，規定「民國政府於理藩不設專部，原係蒙、藏、回疆與內地各省平等，將來各該地方一切政治，俱係內務行政範圍。現在，統一政府業已成立，其理藩事務，著即歸併內務部接管。其隸於各部之事，仍歸各部管理。在地方調度未經劃一規定以前，蒙、藏、回疆應辦事宜，均各仍舊照向例辦理」。〔註47〕其後，又改蒙藏事務處為蒙藏事務局，隸屬國務院。〔註48〕1914年5月4日，袁世凱改蒙藏事務局為蒙藏

〔註45〕 《蒙藏院呈核議楊紹曾意見書並請於中央蒙藏院設立蒙古王公講習所於蒙地設立講社及獎勵蒙漢結婚各節並批令》，《蒙藏委員會公報》，第十九冊，第495頁。

〔註46〕 《東方雜誌》，第8卷，第11號，《中國大事記》，第15頁。

〔註47〕 陸純素：《袁大總統書牘彙編·政令》，上海：上海廣益書局，1914年，第9頁。

〔註48〕 《國務會議審議蒙藏事務局官制及其理由之蒙藏事務局官制草案》，《中華民國史檔案資料彙編第三輯政治（一）》，南京：江蘇古籍出版社，1991年，第38頁。

院，直屬大總統。此後，其就一直作爲處理西北民族地區事務的行政機構。

地方之處理民族事務機構。民國初年，西北地區先是沿用清朝舊制，保留了西北各鎮總兵、青海辦事大臣、蒙番宣慰使等職官，對於這些官制，在政治未劃一之前「另有規定」。〔註49〕1913 年 10 月 24 日，阿拉善劃歸寧夏將軍節制，設立青海辦事長官，管轄青海各族事宜，1915 年 10 月又改設爲寧海甘邊鎮守使。管轄境內各族。在新疆地區，承認哈密回王的權力地位，繼續沿用舊有的統治體制。

第三節　西北地方之政策

一、甘　肅

1911 年 12 月 21 日，同盟會會員原清軍統領黃鉞、崔正午等在秦州起義，成立甘肅臨時軍政府。代理布政使趙惟熙爲首的一批封建官僚，效法其他各省封建官僚的做法，聯絡甘肅諮議局局長張林焱致電北京「急北京大總統、資政院鈞鑒：甘肅偏處西陲，文電多阻，改建政體之明詔，迄未奉到。近得他電，知各省一律認允，甘肅官紳會議亦願承認共和，特此電聞伏乞鑒詧。再長帥已請開缺，未經列銜，合併聲明」，〔註50〕宣佈承認「共和」。

甘肅省政府成立後，「三月，省議會提議維持回族宗教」，〔註51〕「夏四月，省政府通令各府廳州縣勸漢回通婚並禁止婦女纏足」，〔註52〕「八月，都督交議調和回族宗教、漢回通婚案，省議會贊成之」，〔註53〕「十一月，蘭州初設回教促進會，附設高等小學，地址在南關禮拜寺，是爲蘭州回族教育之基礎」。〔註54〕同時甘肅省議會又通過了廢止「回」字加反犬旁等帶有民族歧

〔註49〕《臨時大總統關於暫行劃一地方官制令》，《中華民國史檔案資料彙編第三輯政治（一）》，南京：江蘇古籍出版社，1991 年，第 115 頁。

〔註50〕趙星緣：《甘肅藩司趙惟熙承認共和的經過》，《甘肅文史資料選輯》，第 11 輯，蘭州：甘肅人民出版社，1983 年，第 213 頁。

〔註51〕慕壽祺：《甘寧青史略正編》，第 27 卷，蘭州：蘭州俊華印書館，1936 年，第 13 頁。

〔註52〕慕壽祺：《甘寧青史略正編》，第 27 卷，蘭州：蘭州俊華印書館，1936 年，第 14 頁。

〔註53〕慕壽祺：《甘寧青史略正編》，第 27 卷，蘭州：蘭州俊華印書館，1936 年，第 18 頁。

〔註54〕慕壽祺：《甘寧青史略正編》，第 27 卷，蘭州：蘭州俊華印書館，1936 年，第 30 頁。

視的規定。

1912 年 9 月，甘肅省議會以「土司制度和千百戶制度非民國所宜」，提出「改土歸流」提案，但是囿於諸多因素，未能付諸實施。同年 12 月，省議會又提出了「停止喇嘛『口糧衣單『制度」的提案。將其中一部分改爲「喇嘛學習漢文獎金」。 1913 年 11 月，甘肅省議會決定，停止土司歲俸制度，取消政府給土司頭人的支銀決定。12 月，嘉木樣四世率各寺代表晉省，代表所屬藏族部落和僧人「贊助」共和，擁護民國。〔註 55〕政府頒授封文，並賞銀元 2000 塊。〔註 56〕1912 年 10 月 2 日，廉興主持青海湖祭海會盟，向蒙古王公宣佈共和及優待條件。1913 年，馬麒派馬麟深入藏區，勸說藏族各部落承認共和。青海左翼盟札薩克固山貝子那木登吠、右翼盟貝勒銜札薩克固山貝子吹木丕勒諾爾布等多人聯名具呈承認共和。〔註 57〕

二、新　疆

楊增新光緒二十二年署河州知州，獲得鄉里「楊青天」美譽。其治下河州「夜不閉戶，路不拾遺」。〔註 58〕光緒二十七年，被保升爲知府，不久又升道臺。光緒三十三年，甘肅都督升允到任，楊增新由於才高受詆，再加上升允從中刁難，楊增新鬱鬱不得，於是隨生西上之意。恰逢其時，新疆藩司王樹枏在甘肅任官甚久，對於楊增新的精明幹練十分瞭解，於是就向新疆巡撫聯魁推薦，奏調楊增新以道員留新疆候補，任陸軍學堂總辦督練公所參議官。時清廷明詔各省大員保薦茂才異等人士，新疆巡撫推薦楊增新應詔入京，深得兩宮贊許，但終以孤立無援，僅交軍機處存記，仍發回阿克蘇赴任。兩年以後，楊增新以政績卓著調鎮迪道兼提法使。

伊犁革命之後，清廷力促袁大化派兵進剿。鑒於清軍腐敗狀況，楊增新向袁大化建議成立新軍，並自告奮勇願意帶兵赴前敵助戰。袁大化病急之時，並未體察楊的眞實目的，就起用遣犯馬福興爲統帥招募回族士兵三營，旋增爲五營，全權委任楊增新統帶。楊增新統領回隊之後，並沒有像先前所說的

〔註 55〕　《甘南文史資料選輯》，第 2 輯，蘭州：甘肅人民出版社，1983 年，第 163～165 頁。

〔註 56〕　張其昀：《夏河縣志》，蘭州：甘肅文化出版社，1999 年，第 55 頁。

〔註 57〕　《廉興致北京國務院、內務部、蒙藏事務局電》（1912 年 12 月 10 日）。原件存南京史料整理處。

〔註 58〕　張大軍：《新疆風暴七十年》，臺北：蘭溪出版社出版，1980 年，第 33 頁。

那樣立即開赴前敵，而是在迪化附近按兵不動，徘徊不前。袁鴻祐南疆被戕之後，袁大化更是坐守孤城，軍隊調動困難，並且不時傳言部隊嘩變。在這種危局之下，爲自保計，最後不得不將新疆殘局交與楊增新處理。

（一）民族政策

楊增新爲官西北多年，在甘肅河州地區歷任良久，在西北民族地區的治理過程中，對民族宗教問題有著深切的認識。他自己亦稱「洞悉回情」，「對回教內容研究已數十年」。〔註59〕進入新疆以後，又在底層磨練多年，對新疆的民族宗教，社會環境都有著自己的體會。因此當他執政之後，在處理新疆的民族宗教問題時，就顯得輕車熟路，輕鬆駕馭，再加上其靈活嫻熟的政治手腕，結合中國幾千年來的傳統治邊思想，因而形成了其獨有的治邊安民策略：

新疆建省後，舊有的札薩克、伯克制度受到清末農民運動的嚴重衝擊，早已名存實亡，有的王公連生計都難以維繫，其威望地位已是大不如前。在這種情況之下，對於籠絡這一批沒落的王公，一方面可以利用他們維護地方的穩定，另一方面，在其衰敗沒落之時對其籠絡，更能激起他們對於楊氏新疆的效忠與支持。作爲傳統科舉晉身的楊增新，也是深諳此道。因而他曾說「對於蒙哈王公，須以聯絡感情爲第一要義，否則一事不能辦，呼應不靈」。〔註60〕基於此種認識，他對各王公以大總統的名義加官進爵，給予豐厚的薪俸。同時對於他們的爵位全部予以承認，並且呈報北京政府重新冊封。雖然新疆財政比較困難，但是楊增新繼續保有南疆鄉約的養廉地和北疆王公們的牧場，對於其中傾心中央的上層分子，經常借機以各種名義封賞，加官進爵。〔註61〕因而楊增新的統治得到了少數民族上層人士的擁護，希望他能永鎮西陲。

分而治之，坐收其成，也是楊增新治理新疆行之有效的民族政策之一。楊增新曾言「方今時局民氣囂張，無論何方面，宜取均勢主義，萬不可令其大有團結。分之則勢小，鈐束尚不甚難，合之則勢力大，挾持必出於必至。譬之遍地散錢，一一取而拾之，不免費力，若串成一串，則強有力者不難攜之而去矣。

〔註59〕楊增新：《補過齋文牘》，甲集上。
〔註60〕楊增新：《補過齋文牘》，甲集上。
〔註61〕閆麗娟：《中國西北少數民族通史・民國卷》，北京：民族出版社，2009年，第349頁。

夫哈民性質強悍，駕馭已難，況復予以特別之權，使脫離長官之羈縻乎？此增新對於新疆各界始終用牽制主義」。〔註62〕因而「欲求新疆長安久治，不外利用新疆各族之人，以保新疆，實爲萬全之策」。〔註63〕由於其嫻熟的統治技巧，因此楊增新得心應手的周旋於各個民族之間及其內部，大搞制衡手段，終其統治新疆17年，各種力量都相安無事，保持了新疆較長時間的穩定。

（二）宗教政策

楊增新在宗教上充分尊重各少數民族的宗教信仰，實行政教分離政策。在不危及新疆社會穩定的前提之下，楊增新對宗教信仰採取了較爲寬容的態度，對於宗教人士，只要其不干涉地方政治，影響地方的安定團結，就不干涉其宗教活動的自由。他說只要阿訇不傳邪教，圖謀不軌「盡可自由民間自行延請，無須公家干涉」「纏民阿訇雖不至如回民之各有教派，然無論何莊何寺之阿訇，必其爲百姓所悅服，乃能獲以回眾之認可。原可照依之習慣，聽人民自由選擇」。〔註64〕

在堅持宗教信仰自由的同時，楊增新也十分注意外來宗教勢力對新疆的影響。楊增新在河州爲官多年，對於教派的弊端十分明瞭，因此對於甘肅教派勢力對新疆的影響防範甚嚴，同時也禁止新疆教民私設道堂。對於來新疆傳教的伊赫瓦尼教派馬果園予以拘禁，不久就解送回甘肅。他還要求「新疆地方凡從前已有之回民禮拜寺，應准其照舊設立，向來未有之回民禮拜寺，不准擅自添修」，「禁止回民添修新寺一層，實爲正本清源之第一辦法」。〔註65〕

對於楊增新的宗教政策，一直就有人不斷研究，因之，相對而言，其宗教政策也相對較爲完備、系統。楊增新的家鄉及他任職的甘肅、新疆，均爲穆斯林聚居地區，故接觸伊斯蘭教較多，長期的工作及留心現實社會，使得其積累了關於伊斯蘭教的宗教知識和處理宗教問題的經驗，遂成爲民國初年間少數熟悉宗教、有系統思考、注意掌握宗教政策的邊吏之一。他曾說：「本省長於回教內容研究已數十年，爲維持地方起見，不得不加以愼重」，又說：「本省長服官甘新兩省已數十年，於甘肅回教門戶之源流，深明大略」。〔註66〕

〔註62〕楊增新：《補過齋文牘》，甲集上。
〔註63〕楊增新：《補過齋文牘》，甲集下。
〔註64〕楊增新：《補過齋文牘》，辛集一。
〔註65〕楊增新：《補過齋文牘續編》，卷13，第44～46頁。
〔註66〕楊增新：《補過齋文牘續編》，卷13，第32頁。

綜觀其宗教政策，主要有以下幾個方面：

第一，對新疆的伊斯蘭教實行相對緩和的「開放主義」，採用傳統的羈縻主義手法，儘量避免問題的激化。由於新疆地處中亞，與中亞各民族有著歷史上的民族、宗教聯繫，如果在宗教問題上處理失誤，很可能就要引起中亞地區的連鎖反應，因此他說這種「地理、人種、宗教上之連帶關係，從開放主義入手，其禍尚遲而緩；從壓制主義著手，其禍更速而烈」；再者由於「新疆漢人不過百分之一，若不取得九十九分蒙、哈、回纏之人心，而欲一分之漢人壓制九十九分之民族，我知其必敗也」，而且「壓力愈重，其反抗力亦愈大」。這是從政治統治和民族關係的角度論證不能壓制宗教信仰，而只能採取相對緩和的優撫策略，儘量把這些宗教以及其上層人士納入到現實社會的有序規範之中，維護新疆地區的穩定。

第二，強調政教分離，儘量避免地方政府干預宗教事務。1918 年 3 月他下達《通令》，規定地方官吏不得「驗放」阿訇，防止「各立門戶，暗傳新教」，「致起教爭」，〔註 67〕主張讓教民「自行選擇」阿訇，他說：「如再有地方官私行委派阿訇之處，一經查明，定予以相當之懲罰」。〔註 68〕因此，他認為：「阿訇為地方傳教頭目」，「此宗教上關係，宜由百姓自擇品望素孚者充當，不宜由官派充者一也」；「流派不同，其傳教之人亦不同」，「此人地關係，不宜由官派充者二也」；「即經典通曉未歷各級之經驗，即未為眾人所推許，勉強從事，易起衝突，此人心不服，不宜由官派充者三也」；「大凡品行端方之人，不肯輕入衙署，其入署運動者，非罔利營私之徒，即暗傳邪教之輩」，「此徇私作亂，不宜由官派充者四也」。〔註 69〕

第三，禁斷伊斯蘭教的教派，不准另立「新教」，「私立門戶」，以防止教爭演化為政治鬥爭，危及新疆的穩定。對於教派之爭演化為政治鬥爭以致於糜爛地方，楊增新在河州為官時對此深有感觸，他說：「甘肅爭教之案亦多，如光緒二十一年河湟之亂即因爭教而起」，「分門別戶，易起爭端，前清甘肅地方回民往往因爭教釀成大禍，皆由於此」。當時在新疆維吾爾族中的教派鬥爭尚不明顯，但在回族中卻是「有新舊教之分」，「有大小坊之別」，「各樹一幟，互相歧視」，一旦發生教派爭鬥，「小則破壞秩序，大則

〔註 67〕楊增新：《補過齋文牘》，辛集三。
〔註 68〕楊增新：《補過齋文牘》，辛集二。
〔註 69〕楊增新：《補過齋文牘》，辛集二。

影響治安」。〔註70〕有鑑於此，楊增新採取措施，防止甘青地區教派勢力滲入新疆。民國初年，伊赫瓦尼派領袖馬果園出關傳教，楊增新以「宗旨不正」的名義將其拘留，後來又押解到甘肅監禁。蘭州靈明堂的播道者到哈密等地傳教，也被楊增新逮捕，監禁達數年之久。此外，不許本省回民分門別戶，同時禁止因分教派而新建清眞寺，「因關內回民出關，每添一寺，即含有分門別類之性質」。綏來回族楊逢春等二十餘戶，「稟請另立教社」，對於這一要求，楊增新大加訓斥，認爲「應無庸議」。〔註71〕因之，在楊增新時期，新疆的教派發展受到了一定的約束，對於減少宗教矛盾，維持地方安定有著積極的意義。

第四，通過政府行政手段制定各種法規政令，對宗教活動嚴格限制和管理。爲了限制宗教其不利於地方統治秩序的弊端，楊增新在政教分離的同時，制定一系列的規定，從各個方面限制約束宗教活動，使其按照他預想的軌道發展。在其統治之時，不准「私設道堂」，不准「在家聚徒念經」，只准教民在公設的禮拜寺舉行活動，擔心良莠不齊、借謀不軌。他公開宣佈「凡阿訇、一麻木以及教內人等，只准到禮拜寺念經，亦只准念謨罕默德天經，不准私開道堂，晝伏夜動，並在堂或在家聚眾念經」，〔註72〕不准教民念《古蘭經》、《聖訓》以外的「經典」，不准阿訇、毛拉跨地區傳經佈道，不准給各地各寺宣講經典的阿訇頒發「諭帖」，防止這些阿訇借官府勢力擴展宗教勢力，以防止有人「擅傳邪教」。同時嚴格限制去麥加朝覲，申請者需交銀六百兩，以「補助公益」。

第五，反對外來勢力利用宗教滲入和控制新疆，同脫離祖國的分裂主義傾向作堅決鬥爭。新疆原本就是多民族地區，宗教及民族問題如若與國外勢力相結合，勢必嚴重威脅地方及國家的邊防安全，爲此，他嚴令禁止地方學校聘請土耳其人充當教習，以免意外之虞。又下令查禁外人充當阿訇，認爲事關新疆治安，不能不防。1918 年庫車買買鐵力汗在英人支持下發動叛亂，即被撲滅，首要分子一律槍斃。馬福興勾通沙俄，陰謀在南疆建立「獨立伊斯蘭國」，楊增新立即對其進行鎮壓。

〔註70〕楊增新：《補過齋文牘續編》，卷 1，第 35 頁。
〔註71〕楊增新：《補過齋文牘續編》，卷 13，第 32 頁。
〔註72〕楊增新：《補過齋文牘》，辛集三。

　　一戰期間，隨著種族矛盾的激化，伊斯蘭教激進分子或政治勢力，利用宗教旗幟，向各地傳播「泛伊斯蘭教主義」，新疆亦在這一範圍之內。對此楊增新清醒地指出「回教大同盟國係欲聯合亞歐各回教國建設一大同盟國，並非欲在新疆建設一回教同盟國也。今土耳其教士來新以消弭回教同盟爲名，竊恐以煽惑回纏爲實……之於新疆回纏並無建設回教大同盟之事，即由新疆官紳直接勸導，並負完全責任。不宜土耳其教士以勸導回纏爲名，暗中勾結，致茲隱患。並請阻止該教士不必來新」。〔註73〕楊增新要求地方官員，如發覺來新之土耳其人有煽惑回民舉動，應立即驅逐出境。〔註74〕而新疆喀什道屬葉城、皮山、和田等縣均有通印度道路，而德、土兩國爲戰略上牽制英、俄，暗派教士以金錢運動印度、波斯、阿富汗等處，或鼓吹獨立，或反對英俄，印度就有數名宗教活動分子竄往中國活動。因此，楊增新要求喀什地方官員要對沿邊卡倫認眞整頓，遇有入卡出卡客商，更宜留心查考，凡有貌似印度人實在形跡可疑者，如在邊界不准入境，即經入境，即有該地方知事扣留，呈報會商英領事核准辦理。〔註75〕

第四節　復辟勢力對民國政府西北民族政策之檢驗

一、民元以來西北之復辟

（一）旺德呢瑪活佛事件

　　民國二年，外蒙內犯，河套淪陷。伊克昭盟達拉特旗札薩克喇嘛旺德呢瑪在沙俄和外蒙王公支持下，起兵反叛。袁世凱派綏遠駐軍與之交鋒，屢戰不勝，大同鎮守使率晉軍圍剿，亦毫無進展。在武力難以奏效情況之下，袁世凱命令馬福祥和阿拉善旗親王塔旺布理甲拉相機講和。〔註76〕1913 年 6 月，馬福祥請准晉京，6 月 29 日，獲知旺德呢瑪駐地後，派塔旺布理甲拉手下的阿拉善旗班克總管前去見旺德呢瑪。旺德呢瑪力勸馬福祥共同行動，破晉軍，襲包頭，圖山西。馬福祥佯允，約其 7 月 2 日匯德城相商大計。7 月

〔註73〕楊增新：《補過齋文牘續編》，卷 2，第 49 頁。
〔註74〕楊增新：《補過齋文牘》，癸集八。
〔註75〕楊增新：《補過齋文牘》，癸集八。
〔註76〕章藏珍：《智擒王德呢瑪》，《寧夏三馬》，北京：中國文史出版社，1998 年，第 6 頁。

2 日，旺德呢瑪如約赴匯德，馬福祥計賺旺德呢瑪到馬福祥一行的大船，然後將其生擒。〔註77〕

（二）呂光復辟

1915 年，宗社黨人呂光由東北經綏遠至拉卜楞寺，呂光用「承制忠督內外勤王忠義馬步全軍一等忠順公」名義，自稱清皇室第六皇子，又稱是統緒帝，聲稱帶有傳國玉璽，騙取熱貢十二族的擁戴。〔註78〕組織 600 餘人的武裝，以「助清滅民」爲號召，於 12 月下旬起兵進攻臨夏。在親王府及寺院各頭人支持下，1916 年 1 月，呂光進入隆務寺，得到隆務寺各活佛及保安十二族隆務昂鎖勒貢的擁護，在保安堡都司衙門設立「王府」，以「宣統八年」年號張貼顛覆民國的漢藏文告，利用宗教迷信，欺騙藏民「佛骨顯靈，呂光爲真主」，並詭稱升允已在庫倫發動恢復清室的活動，外蒙古騎兵已經內蒙古南下，並煽動當地群眾在「保國安民」口號下，聯合附近黑錯、沙溝各寺院及洮河一帶的藏族群眾，操練兵馬，圖謀大計。一時間，青海蒙古族各王公及藏族千百戶，和大通、湟源、威遠堡一帶的群眾，亦多隨之而起。

北洋政府以變起西陲，在督促馬麒用兵同時，令張廣建就近查辦。1917年 4 月 29 日，呂光在德欠寺、南宗寺活佛及附近藏民支持下攻佔貴德，加委德欠寺活佛阿勒及日卓巴爲「護國禪師」，再度張貼布告，大肆封官許願。互助土族頭人在呂光策動下組織了「復清會」，遙相呼應。大通卻藏寺、廣惠寺的活佛及僧侶亦愚弄附近土族、藏族群眾，積極響應呂光復辟活動。青海蒙古右旗盟長雅楞丕勒，亦從中煽動，密謀暴動。1917 年 5 月 15 日，馬麒派寧海軍第二營管帶馬麟、馬隊第十一營管帶馬海淵爲正副司令，率寧海軍赴貴德平亂。呂光以勢窮力蹙爲寧海軍俘獲，一場復辟活動就此完結。

呂光復辟之前，陝甘總督升允於 1912 年 4 月到達西寧，公開號召青海蒙古各王公，首先與左翼盟長林沁旺濟勒等聯繫，展開顛覆民國的活動，後爲甘肅臨時議會發覺，遂由西寧取道涼州，經寧夏阿拉善赴庫倫。呂光事平之後第二年，升允隨帶日本下級軍官及浪人數人，假名遊歷，由天津經包頭抵寧夏，旋爲馬鴻賓所勸阻，其西寧之行遂告失敗。

〔註77〕馬福祥：《擒獲王德呢瑪始末》手稿，稿存甘肅省文史館。
〔註78〕喬拉什加編：《黃南藏族自治州概況》，西寧：青海人民出版社，1985 年，第34 頁。

二、由復辟事件觀民初之西北民族政策

（一）現代政治與民族傳統政治之間的矛盾。

民族傳統政治，是以民族或民族社會爲單位而進行規範的，並與現代政治相對而言，它主要指存續至今或略經變通的各種前資本主義性質的政治組織、政治制度、政治文化和政治行爲方式。〔註79〕

在大多數情況下，多民族社會或多民族國家的政治統一，都以承認或容忍各種非國家和民族傳統政治的存在爲必要條件。這就使得這些國家具備了兩套政治系統，一爲國家政權的基層組織系統，它同時構成國家政治體系某種級別的組成部分，再爲民族社會內部的非國家政治系統，其中常保留了較多的民族傳統政治的內容。〔註80〕伴隨著國家政治的一體化，民族政治的世俗化，傳統與現代之間不可避免的存在著各種矛盾。

民國初期，爲了達到國家政治上的一體化，不得不對傳統體制作出讓步，從法律上、制度上、實際中承認西北民族地區舊有的札薩克王公、部落頭人、宗教上層的地位，並對其進一步的晉封，在一定程度上取得了成效。雖說民國成立後就恢復達賴名號，承認哲布尊丹巴之宗教地位，但是囿於英、俄之在蒙古、西藏問題上的牽制，其在傳統與現代之間並沒有找到很好的平衡點。再加上西北地方政府多爲前朝官吏轉換而來，在其思想及執政過程中深受前朝制度的影響，因之，中央與地方之關係亦未能達到通暢。中央之德意未能很好的深入到民族地區以及民眾之間。民族地方對於中央究竟是怎樣的政策及意圖，亦是不得而知。雖然說，在地方政府的勸導之下，向中央表達了「贊翊」之意，但在根本上還是囿於傳統的民族政治體制及思想。因之，當西北地區出項動盪之時，其難免會出現反覆、動搖。

（二）政策的實施需要一定的國家權威性作爲支持，而國家的權威，一則來自政治文化之吸引，二則離不開軍事力量的威懾，三則需要一定經濟來誘導。而民國政府雖則給予西北地方民族人士一定的政治優遇，晉封、賞授等，但是在當時「民國最多之物，莫如嘉禾章、文虎章，車載斗量，在坑滿坑」，〔註81〕西北地方歷來就是作爲協餉之省份，民初協餉斷絕，甘新在財政

〔註79〕周星：《民族政治學》，北京：中國社會科學出版社，1993年，第178頁。
〔註80〕周星：《民族政治學》，北京：中國社會科學出版社，1993年，第181頁。
〔註81〕羅志田：《亂世潛流——民族主義與民國政治》，上海：上海古籍出版社，2001年，第165頁。

上亦是捉襟見肘，因之方有地方政府廢止喇嘛「口糧衣單」及土司「歲俸」之舉；民國之處內戰不已，國家疲敝，軍事實力亦難達邊陲，因之其作為國家權威之主要支柱——軍事震懾亦難以存在。缺失了國家權威性的支持，其西北民族政策在認同及執行過程中就被迫打了折扣。雖然說，民國政府先後制定了針對西北蒙藏回疆的政策，但在實際執行中卻又要對地方政府及民族上層給予太多的倚重。

（三）民國初期，西北民族地區的傳統政治體制中保留下來有札薩克旗制和政教合一體制。當時存在的主要問題是俄、英支持下的西藏、外蒙地區的政教合一體制所謂「自治」的傾向。而民國政府軍事上、經濟上後繼不足，因而此兩方面之經營就顯得軟弱無力。不得不轉而求助於政治上之解決。然而由於清末兩度革除達賴喇嘛封號以及蒙古新政對宗教上層的影響，使得外蒙、西藏宗教界在思想上與中央政府拉大了距離。怎樣處理好兩者在政教合一政治體制下的衝突。從民族政策上觀之，民國政府之西北民族政策，雖則在一定程度上承認了這些宗教領袖在宗教上的地位，並且對於各傳統之王公貴族進行政治、經濟上優遇。但是其在實際上並沒有跳出清朝的既有政策範圍。一方面默認其既得之政治利益，承認其傳統民族政治的存在，另一方面又要維護國家之統一，推行五族共和之政策。亦即陷入了羈縻與威懾的矛盾之中。在民族政策上沒有突破，在軍事經濟上後繼不足，亦使得其在西北民族政策上不能有大的成效。

第四章 民國政府之西北民族政策
（1917～1924）

　　1916 年袁世凱身故之後，民國政府陷入到持久的軍閥混戰之中，直、皖、奉相繼控制中央政府。中央政府的動盪，導致了對西北民族地區經營政策上的變化，影響著中央與地方之間的關係，給英、俄勢力帶來了可乘之機。1918年之後，沙俄政府下臺，但是民國政府卻陷入到內爭之中，失去了解決西北地區問題的絕好時機。之後蘇俄政府對外宣佈放棄沙俄時代侵略中國的一切權益，實際上卻是繼承了沙俄衣缽，從西、北、東三面繼續對中國進行侵略。內憂外患之下的民國政府雖然亦不斷調整著其西北民族政策，但是囿於國內外政局之大勢，其勢必也難以在前人的基礎之上有所新的突破。

第一節　問題所在

一、俄國對新疆、蒙古之政策及其對中國西北民族構成的影響

　　1917 年 11 月 7 日，俄國十月革命爆發，之後又經歷了 1918～1920 年間的國內戰爭，1918 年初，日本和英國軍艦進入海參崴，佔領阿爾漢格爾斯克，成立「俄國北方政府」，5 月，捷克軍團發生叛亂，佔領西伯利亞及伏爾加河流域與烏拉爾西部，前沙皇時期勢力在高爾察克、鄧尼金、弗蘭格爾帶領之下從東部和南部威脅著新生的蘇維埃俄國的安全。據劉鏡人在報告中稱，當時各國在西伯利亞駐軍「英國 2200 人，美國 6000 人，法國 200 人，意國 1500人，羅馬尼 1000 人，塞國 200 人，乞開 30000 人，波蘭 2000 人，拉德什 1000

人，日軍三師」，〔註1〕俄國國內形勢的轉變和第一次世界大戰的結束，相應亦導致了中國西北民族問題的變化。這些變化首先表現在：

（一）中國新疆民族構成的變動

俄屬哈薩克族的進入

1864 年 10 月 7 日，中俄簽訂《中俄勘定西北界約記》，其中第五條規定：

今將邊界議定，永固兩國和好，一面日後兩國爲現定邊界附近地方駐牧人丁相爭之處，即以此次換約文到之日爲準，該人丁向在何處駐牧者，仍應留於何處駐牧，俾伊等安居故土，各守舊業。所以地面分在何國，其人丁即隨地歸爲何國管轄；嗣後倘有原住地方越往他處者，即行撥回，免致混亂。〔註2〕此即所謂「人隨地歸」之原則。根據《新疆圖志・藩部志》記載，光緒二十七年（1901 年）時，新疆哈薩克人口 4 萬餘。〔註3〕之後隨著俄屬哈薩克境況的不斷惡化，民國前後大批哈薩克牧民由於政治、經濟等原因不斷地遷入新疆地區。

1914 年 1 月，「俄人侵入（伊犁地區）游牧與經營農業，均多至五、六萬人」，〔註4〕1916 年，俄屬哈拉湖之哈薩克逃入中境留牧各縣者爲數甚多。〔註5〕沙俄政府頒佈《徵集法》後，引起哈薩克牧民的反抗，大批哈薩克人逃入我國境內「計塔城方面逃入俄哈可六七萬人，伊犁一帶則十餘萬人，喀什一帶亦數萬人，總計不下二十萬人，牲畜倍之」，〔註6〕全疆合計俄民之逃者其數不下三十萬。〔註7〕這些進入中國境內的俄屬哈薩克難民，多爲生計所迫，與中國境內牧民時有衝突、鬥毆搶劫事件發生，嚴重地影響著中國西北邊疆的安全。爲此，楊增新致電中央，懇請「由部與俄使嚴重交涉，並由駐俄公使向俄政府婉爲勸告，將逃來中國之哈薩、布魯特、回、纏各種俄民，

〔註1〕《十五日劉鏡人報告西伯利亞各國駐軍及日本拓殖情況致徐世昌函》，林開明等：《徐世昌》，卷 8，天津：天津古籍出版社，1996 年，第 843～844 頁。

〔註2〕《楊增新陳述對德絕交新疆將受土俄影響之原因致徐世昌等電》，林開明等：《徐世昌》，卷 8，天津：天津古籍出版社，1996 年，第 52 頁。

〔註3〕袁大化、王樹枬：《新疆圖志・藩部（一）》，卷 16，天津：博愛印書局，1923 年，第 6 頁。

〔註4〕吳福環、魏長洪等：《近代新疆與中亞經濟關係史》，烏魯木齊：新疆大學出版社，2000 年，第 31 頁。

〔註5〕曾問吾：《中國經營西域史》，上海：上海書店出版社，1989 年，第 634 頁。

〔註6〕洪滌塵：《新疆史地大綱》，南京：正中書局印行，1935 年，第 203～204 頁。

〔註7〕楊增新：《補過齋文牘》，己集上。

寬其逃亡之罪，並飭在新領事設法收回」。〔註8〕這些散處各屬的俄國難民，楊增新為防其與我國回纏勾結或我國回纏與俄國逃民勾結，楊增新認為宜嚴加防備。這些俄屬中亞難民的湧入，一方面是給新疆的民族構成帶來了變化，另一方面也帶進了流行於中亞地區的泛土耳其主義。對此楊增新清醒地指出「新疆人民以回纏布哈最占多數，其所安者為天方宗教與土耳其相同，現土耳其既加入德大戰團，故全疆人民常聞土勝則喜，聞土敗則悲，此輩國土觀念最輕，宗教觀念最重。故近年以來常有土人潛來新疆運動纏回反抗。況自去年俄境回纏、布魯特、哈薩各種人民反抗徵兵逃來我國不下二十萬人數，散處各屬。又今俄國哈拉湖一帶地方俄兵剿匪槍斃新疆回纏數千人，我國回纏怨之最深。若我國與德宣戰，則土人亦成敵國。將昔日土人運動回纏以反抗英俄者難保其不運動回纏以反抗我國」。〔註9〕「回教大同盟國係欲聯合亞歐各回教國建設一大同盟國，並非欲在新疆建設一回教同盟國也。今土耳其教士來新以消弭回教同盟為名，竊恐以煽惑回纏為實……之於新疆回纏並無建設回教大同盟之事，即由新疆官紳直接勸導，並負完全責任。不宜土耳其教士以勸導回纏為名，暗中勾結，致茲隱患。並請阻止該教士不必來新」。〔註10〕之後，他在《陳說對待俄事意見》中稱「現俄人許俄屬纏、布各族，以回教獨立特權。該黨所倡之回教獨立問題，不分國界，實有影響於新疆，留疆回教各種族，占人口十之八九。且與俄邊境種族姻婭往來，關係密切，將來俄屬回疆獨立，即成潮所激，殊覺危險……而且目前最當嚴防者，惟此回教獨立問題」。〔註11〕沙俄政府的倒臺，導致中亞政局亦隨之出現了動盪之勢，安集延浩罕老回王胡大雅爾之後亦開始稱王，意圖恢復浩罕舊國。〔註12〕如若出現此局，難保清末浩罕之劫難不再發生。

　　楊增新的擔憂在當時並非誇張之言。據楊增新查獲「現在俄國地方大亂，中國地方亦大亂，若新疆回纏與俄國回纏聯為一氣，當可以得志與西北，脫

〔註 8〕楊增新：《補過齋文牘》，己集上。
〔註 9〕《楊增新陳述對德絕交新疆將受土俄影響之原因致徐世昌等電》，林開明等：《徐世昌》，卷8，天津：天津古籍出版社，1996年，第52頁。
〔註10〕楊增新：《補過齋文牘續編》，卷2，第49頁。
〔註11〕《中亞的動盪與新疆的穩定》，《中亞研究》，1996年第2期。
〔註12〕李念萱：《中俄關係史料──新疆邊防》，臺北：中央研究院近代史研究所，1961年，第5頁

離中國束縛」，〔註13〕1918 年，庫車人買買鐵力汗以「殺盡漢人，收復領土」為口號圖謀發動武裝叛亂，雖為楊所撲滅，但隨後新疆局勢的發展還是應驗了楊增新當時所言。

俄羅斯族的出現

俄羅斯民族在新疆的出現，是新疆近代民族變遷中的重要事件。1908 年，俄國商民在疆 2403 戶，10449 人，「據宣統元年間調查，全疆計有俄籍商民，戶數約二千一百餘家，人口男女約一萬人以上。同時期之新疆人口約二百萬。是俄商人口占新疆人口二百分之一」，〔註14〕到了民國初期，俄國人在疆 2503 戶，10022 人。〔註15〕雖則上述資料所載各異，但從總體而言，1918 年之前，俄國商民在新疆人數不下一萬人。俄國十月革命後，1920 年 3 月，先後逃到塔城的白俄軍有 11000 餘人，難民五六千人；〔註16〕1920 年 5 月，逃入伊犁的白俄敗兵約 5100 餘人，難民 2000 餘人；1920 年 10 月，又有 1000 餘白俄軍隊逃至塔城；1921 年 5 月，白俄軍隊 2000 餘人逃至額敏。當時退入伊犁、塔城一帶之白俄殘軍為數約二萬餘人，〔註17〕「在本世紀 20 年代初，總共約有 25000 名俄羅斯人穿越或留在新疆以尋求庇護」。〔註18〕後來經過新疆地方政府與蘇俄交涉，塔城方面先後遣返 4529 人，留下 5716 人；伊犁方面遣返 3780 人，留下 1170 人。〔註19〕至於此批俄羅斯人究竟留在新疆為數多少，目前尚無確切數字。

這些進入新疆境內的俄屬難民，後來雖然取得了中國國籍，但是受歷史上的文化、宗教以及生活習慣等因素影響，其很難在短時間內建立起國家觀念，再加上楊增新在新疆推行的愚民政策，使得新疆在文化教育上遠遠滯後於形勢的發展。雖然新疆省政府在一定程度上給予這些難民相當的經濟援助，但是並沒有從根本上解決他們的生活困難。再加上後來新疆政治形勢的變化，這些進入中國境內的哈薩克、俄羅斯人生活狀況進一步惡化，增加了

〔註13〕 李念萱：《中俄關係史料——新疆邊防》，臺北：中央研究院近代史研究所，1961 年，第 15 頁。

〔註14〕 曾問吾：《中國經營西域史》，上海：上海書店出版社，1989 年，第 516 頁。

〔註15〕 袁大化、王樹枬、王學曾：《新疆圖志》，臺北：文海出版社，1965 年

〔註16〕 楊增新：《補過齋文牘》，癸集三。

〔註17〕 陳斯英：《近三十年來新疆政治的演變》，《中國青年》，1947 年第 4 號.

〔註18〕 〔英〕林達·本森、英格瓦·斯萬博格著，陳海譯、胡錦洲校：《新疆的俄羅斯人是如何從移民成為少數民族的》，《新疆社會科學情報》，1990 年第 10 期。

〔註19〕 楊增新：《補過齋文牘》，癸集三。

其與周圍民族、地方政府關係的變數，這些都在一定程度上影響著新疆的民族關係以及新疆政治的走向。

（二）蘇俄對華政策轉變與西北民族問題的關係

1919 年 7 月 25 日，蘇俄政府發表《俄羅斯蘇維埃社會主義共和國對中國人民和中國南北政府的宣言》，即《蘇俄第一次對華宣言》，宣佈：廢除 1896 年條約、1901 年條約以及 1907～1916 年俄日簽訂的具有侵華內容的協定和秘密協定；放棄沙皇政府從中國攫取的「滿洲和其他地區」；放棄領事裁判權等。〔註 20〕1920 年蘇俄又公佈《第二次對華宣言》，對北京政府提出 8 點建議：蘇俄宣佈，歷屆俄國政府同中國政府締結的一切條約全部無效，放棄奪取中國領土和中國境內的俄租界，將舊俄從中國奪取的一切無償永久歸還中國。〔註 21〕1923 年 9 月 2 日，加拉罕代表蘇俄政府在北京發表《第三次對華宣言》，宣佈「徹底放棄從別國人民那裡奪得的一切領土和其他利益」但同時又強調「不會放棄我國在中國的利益」。〔註 22〕

沙俄政府的倒臺和蘇俄對華宣言的發表，加速了外蒙內附的步伐。1919 年 11 月 7 日，外蒙當局突然致電北京政府，要求取消「自治」，恢復前清舊制，北洋政府亦於同年 11 月 22 日下令取消外蒙「自治」，恢復舊制。帝俄政府的垮臺和蘇俄對華政策的調正，對於中國整個西部、北部地區民族問題的緩和與解決提供了良好的時機。但此時的北洋政府卻陷入南北之爭和內部派系鬥爭的漩渦之中，對於新疆，認為「新疆以其地勢及人數論，必不致牽動大局」，值此「俄蒙巨難，國勢驟弱，外蒙漸有內附之心」之際，「而段氏只計私憤之競爭，更無力兼顧國事，陳錄報告雖勤，類皆覆一電即了事」。〔註 23〕從而坐視解決西北民族問題機會的失去。

蘇俄三次對華宣言，只是為其政治謀略的一部分，究竟其對於西北民族關係影響怎樣，從其《傳報普告中國國民書》中可窺一斑：

〔註 20〕薛銜天等編著：《中蘇國家關係史料彙編》，北京：中國社會科學出版社，1993年，第 2 頁。

〔註 21〕程道德等編著：《中華民國外交史料選編（1913～1919)》，北京：北京大學出版社，1985 年，第 173 頁。

〔註 22〕李嘉穀：《中蘇關係（1917～1926)》，北京：社會科學文獻出版社，1996 年，第 108 頁。

〔註 23〕警民：《徐世昌》，沈雲龍主編：《近代中國史料叢刊》，第四輯，臺北：文海出版社，1983 年，第 84～85 頁。

......

> 最可愛可敬之中國回教人民……今日之計，惟有聯合各族貧寒
> 界組成一大團體，速將他們狠惡有毒之文武官吏及富豪一律推到。
> 最可憐之蒙古人民，你們如果起事，各族必表同情熱心相助也。黑
> 漢人、錫伯、索倫，今非昔比，你們當然會起（而）反抗。〔註24〕

（三）英國在庫車活動

俄國十月革命後，蘇俄政府發表對華宣言，放棄沙俄政府在華一切特權。1920 年 6 月 27 日，喀什英國領事要求喀什道尹對於進入蒲犁的三十多名英兵給予保護。實際上，這些英人攜帶物品多為軍裝及武器裝備。1920 年 9 月 1 日，新疆省政府開始向境內前沙俄屬民徵收賦稅，沙俄時期在新疆省內的貿易圈、治外法權、領事裁判權自然喪失，英俄之間在新疆境內幾十年的相互競爭局面消失，事實上業已呈現英國一方獨霸的局面。英國趁機加緊了對新疆的滲透，積極在新疆穆斯林中尋找反動力量。因此英國以喀什為中心，指示英僑民奈依木暗中勾結庫車宗教頭目阿吉和卓，派遣 8 名英國間諜潛入庫車訓練暴亂分子，為叛亂分子供應槍支彈藥。

買買鐵力汗，原名買買特立江，原籍笳師縣。「實係偷領英國通商票冒入英籍之中民，且祖孫父子，世世叛逆」。〔註25〕雖然有英國在背後的支持，但是由於叛亂不得民心，旋即為楊增新撲滅。買買鐵力汗叛亂之後，英國又利用其在地理上優勢雇傭中亞等地宗教人士作為其代理人，以阿訇名義進入南疆地區，籍宗教名義，大肆在各清真寺內宣揚所謂的大伊斯蘭主義和大土耳其主義。這些都在各個方面影響著新疆的穩定。

二、漢回軍閥格局的形成及與西北民族問題的關係

張廣建入甘後，為了加強自己的勢力，奠定大權獨攬的統治基礎，極力削弱和排斥地方軍閥勢力。入甘後他所做的第一件事就是整編軍隊，全力對付實力最強的回族軍閥馬安良。當其新軍擴編成功後，他開始拉攏馬安良的部屬馬麒、馬國良等以孤立馬安良，另外又指使隊伍故意與駐紮在省城的馬安良的隊伍發生衝突，藉以挑起事端。這樣就直接引起了馬安良和張廣建之

〔註24〕李念萱：《中俄關係史料—— 新疆邊防》，臺北：中央研究院近代史研究所，
　　　　1961 年，第 259～260 頁。
〔註25〕楊增新：《補過齋文牘》，乙集一。

間的衝突。由於張的背後有袁世凱的支持，又掌握著全省的軍政大權，實力遠比馬安良強大。馬安良自度沒法與張廣建的長期抗衡，於是就接受陸洪濤的勸告，率軍退回河州。〔註26〕張廣建督甘其間，政風更加腐敗。在當時的政壇上大凡軍事、政治、財政、稅收等方面重要位置，幾乎都爲張的同鄉和親信所佔。張廣建所倚重的各級地方官吏，也多爲貪贓枉法之輩，而他所依靠起家的軍隊，也逐漸變成了一幫欺壓人民、爲害地方的驕兵悍將，他們因爲內部利益紛爭不斷地發生嘩變，致使張廣建也無法統馭。張廣建在甘肅的統治，遭到了回漢各族將領和開明士紳們的普遍反對，到 1919 年，「易督」風潮時有風聞。在張廣建販髒走私案發生後，馬福祥趁機聯絡西寧鎮守使馬麒、涼州鎮守使馬廷勷、甘州鎮守使馬璘、河州鎮守使裴建準向北京發電，揭發張廣建在甘肅的種種劣跡行爲，要求北京政府撤換甘督。

（一）甘肅「易督風潮」

民國初建，甘省各方之關係尚未融洽。馬安良與趙惟熙之間由於政治權利分配存在著嚴重的矛盾。1913 年正月初一日，巡警道賴恩培先一日令皋蘭縣知事黃英持函密告駐省垣西軍總統馬安良，謂忠武軍、振武軍謀變，事將不利於回軍，請馬備之。馬安良聞之大驚，急忙召集將領商議對策；與此同時，賴又密函振武軍統領陸洪濤、忠武軍統領周務學，謂西軍將攻漢軍，雙方將領夜皆驚恐，採取相互戒備防範之態。次日，雙方將領齊至督署，詢之甘督，經趙惟熙查證，賴恩培之謀敗露。雖則如此，但正是由於回漢軍閥之間存在的隔閡，方才爲賴造成可乘之機。由是可見民初甘肅之民族關係狀況何如。

1914 年，北洋政府任命張廣建爲陝甘籌邊使，張廣建抵達省垣後，所帶衛隊改爲新建左右二軍，又有衛隊營駐紮督署。爲了清除馬安良勢力出蘭州，張到省垣不久，其衛隊與駐省垣之西軍往往在街市上發生衝突，張廣建於是就命令振武軍統領陸洪濤爲省垣臨時執法官，給以巡按使大令，布告通衢，若遇軍人爭鬥，可先斬後奏。此種情況之下，馬安良亦明白以自己西軍之勢力，無論是在武器裝備或是部隊實力上，自己均不是張廣建對手，況且張背後有北洋政府的大力支持，由是，西軍方退出蘭州。但是漢軍、回軍之隙由是而生。

〔註26〕《甘肅文史資料選輯》，第二輯，蘭州：甘肅人民出版社，1987 年，第 17～
　　　　18 頁。

張廣建督甘，由於政令繁苛，導致民怨四起。倒張之舉，由是由來已久。各鎮守使聯銜通電中央及各省以示反對。寧海鎮守使馬麒、涼州鎮守使馬廷勷、甘州鎮守使馬璘、寧夏新軍司令馬鴻賓、河州鎮守使裴建準以及甘肅旅京同鄉會紛紛響應，並派代表齊聚寧夏府城，商討驅張大計。馬福祥雖然未列其名，實則為各鎮之領導，其另電中央表示同情各鎮。會議確立了文武並舉，驅逐張廣建。接著，馬福祥、馬麒、馬鴻賓、馬璘、馬廷勷等聯名通電全國，列舉張廣建諸多不端，宣佈驅張自治。〔註27〕但是中央繼任頗難其人，於是遲遲不決者數年。眼見得文舉不成，各鎮於是開始決定訴諸武力。由寧夏、涼州、西寧三鎮出兵進攻蘭州。馬福祥令馬鴻賓先期開赴，自己作為後援。但是在聽到「將軍此舉，知道內情的人們說是為民除害，不知的人說回回又反了」。〔註28〕馬福祥由是改變策略，力主用和平手段施加壓力，迫張離職。其後在京甘籍參議兩院議員亦請中央更換，張廣建看到群情激憤，遂於1920年自動辭職。

張廣建辭職後，曹錕、張作霖向總統徐世昌保舉馬福祥出任甘督，但是北洋政府不欲放棄甘肅，方有蔡成勳督甘之議，但旋即遭到甘肅各界人士的反對，抵制北洋政府的企圖。

在此次驅張活動中，以馬福祥出力甚大，由是其出任甘督呼聲最高。馬福祥亦意欲以此完成督甘之願，乃親自致電徐世昌，婉達督甘之意。其原電大略，庚子之際，聯軍入侵，先兄馬福祿率兄弟子侄保衛清室，前門喋血，以身殉職，忠骨累累，從葬京師……福祥束髮受書，敬恭桑梓。乙未河湟變起，團結漢藏，毀家紓難。辛亥革命，翊贊共和，擁護中央，調停黃鉞獨立，弭患無形……〔註29〕

在上述徐世昌同時，馬福祥亦遣其子馬鴻逵在京活動，馬鴻逵先後拜訪曹錕、張作霖等實力派，希望得到他們支持，總理靳雲鵬也表示支持馬福祥出任甘督，但任命書卻遲遲不予發表，但是卻請馬福祥以書面形式詳陳治甘意見及計劃。北洋政府在甘督問題上遲疑未決，給各鎮都看到了督甘的希望，於是乎，原本驅張易督風潮在下來的發展中逐步地發生了變化。

〔註27〕 馬廷秀：《督甘的失敗》，《寧夏三馬》，北京：中國文史出版社，1988年，第12頁。

〔註28〕 馬廷秀：《督甘的失敗》，《寧夏三馬》，北京：中國文史出版社，1988年，第13頁。

〔註29〕 丁明俊：《馬福祥傳》，銀川：寧夏人民出版社，2001年，第81頁。

（二）「易督風潮」中民族問題的產生

「一變為主客」

張廣建離甘之後，原本團結一致的驅張集團在甘督問題上產生了分歧。由於自身利害關係，主軍方面形成了馬福祥為首的回族軍事集團，客軍方面形成了以陸洪濤為首的漢軍集團。主客雙方在督甘問題上矛盾尖銳，一時之間難以調和，但同時也難以壓倒對方。這主要是由於當時雙方軍事實力大致相當之狀況所致。

北洋政府時期甘肅回漢各鎮軍事實力：

	鎮 守 使	兵 額
中央軍第五混成旅	馬鴻逵	3000 餘
寧夏鎮守使	馬鴻賓	2000 餘
涼州鎮守使	馬廷勷	2000
甘州鎮守使	馬璘	1000
甘邊寧海鎮守使	馬麒	3000 餘
甘肅第一師	李長清	3000 餘
隴南鎮守使	孔繁錦	5000 餘
隴東鎮守使	張兆鉀	4000 餘
肅州鎮守使	吳桐仁	2000 餘
河州鎮守使	裴建準	800

（根據《中國軍事史略》之《最近三十年來中國軍事史》整編）

此種情形之下，為了爭取形勢向著有利於自己的方向發展，雙方都在爭取事情向著自己的方向，這樣就造成了事情新的變化。

「再變為種族」

在與陸洪濤爭奪甘督過程中，將哲赫忍耶教主馬元章拉入自己陣營，以圖壯大自己的陣勢。眼看馬福祥督甘之勢將成，以陸洪濤為首的漢族軍閥一直反對馬福祥督甘。而張廣建離甘之時，有意將印信交給隴東鎮守使陸洪濤，並力薦陸洪濤出任甘督。此種情況之下，陸洪濤幫辦張兆鉀領銜通電反對，電中有「回漢世仇，如果中央不顧輿情，演成事實，彼等願同率健兒會獵與黃河之濱，以死周旋」等語。〔註 30〕陸洪濤、孔繁錦部彙集蘭州，準備武力

〔註30〕《甘肅辛亥四十年政、兵、民三變史料》，第三期，第 1 頁。

對抗馬福祥，他們聲稱「回軍當權，漢軍將無立足之地」。張兆鉀也宣稱「願領八千健兒，送陸赴蘭」就任督軍。

而當時的回族軍事集團爲鞏固和擴大地盤，擁戴馬福祥出任甘肅督軍。馬麒聯合馬廷勷、馬璘以及哲赫忍耶教主馬元章，派代表聚集寧夏，亦計劃以武力擁護馬福祥赴蘭州，出任督軍。雙方業已呈現劍拔弩張之勢，以致省垣情勢日危，人心惶惶，幾如大禍降至。此種情況之下，馬福祥認眞地分析局勢，爲了不至於糜爛地方，造成民族之間的矛盾，其對聚集寧夏的各方代表言「余從清朝迭任軍職，地位優越，於願已足。甘督問題自當服從北京政府命令決定，本人毫無成見，不願爲爭個人權利而引起回漢兩族之間的惡感，輕啓釁端。萬一兵連禍結，隴上糜爛，不但對不起幾百萬同胞，也對不起歷代善良的先人」。〔註31〕

（三）「易督風潮」對甘肅政局變化的影響及民族問題的遺留

西北地區回漢雜處，信仰各異，措置事宜，輒生誤會，以致釀起事端，糜爛地方。因此面對在「易督風潮」中變異的矛盾，甘籍有識之士莫不爲之憂心如焚，亦或上書，亦或通電，亦或發文，向中央陳述甘省之苦難，以期事變圓滿解決。

對於此次風潮，劉爾炘在上大總統電中言道：

> 夫易督只尋常事耳，不意醞釀日久，一變而爲主客之乎，再變而爲種族之乎。而其實則皆權利之爭耳，相猜互忌，人各一心，稍一不愼，全甘將有破壞之憂，漢族回族之身家性命，能保不同歸於盡乎。〔註32〕

針對此次風潮及其所致之民族問題，在甘肅省檔案館館存的《甘肅回漢關係衝突原因及補救辦法呈文》中，向中央政府詳陳了甘肅回漢形式，提出了對甘宜採取之方針及善後之法：

> 對此次事變，既不能歸咎於清山（？），亦不能深究各回鎮之籍端變挾中央自失其威信，爲今日之計，宜先眞除督軍，然後對於各鎮予以虛榮，以安其心。寧夏方面則宜另調他省軍隊鎮守，方可免甘局他日之亂也。……宜體中央懷柔之心。〔註33〕

〔註31〕 師綸：《西北馬家軍閥史略》，蘭州：甘肅文史編輯部，1989 年，第 18 頁。
〔註32〕 《甘肅辛亥四十年政、兵、民三變史料》，第三期，第 1 頁。
〔註33〕 《甘肅回漢關係衝突原因及補救辦法呈文》，甘肅省檔案館，88-1-6。

《邊聲週報》對於馬福祥督甘，雖則無有過多評論，但是透過其字裏行間，
依然可辨其對此次事變之看法：

> 寧夏護軍使馬雲亭氏識字知書，慷慨有大志，久居銀川，眷念
> 陝局，憂心如焚，思將躍馬秦封，勘定大局。〔註34〕

對於馬福祥督甘之事，哲赫忍耶教主馬元章在給大總統徐世昌的電文中稱：

> 要想西北民眾安居樂業，愚見還是陸公適宜，而當地人做當地
> 官沒有不培植私人勢力的，此千古通例，祈總統明察。〔註35〕

此種情況之下，馬福祥不意糜爛地方，當下即向北洋政府表示：

> 甘肅問題自當服從北京政府命令決定，本人毫無成見，不願為
> 爭個人權利而引起回漢兩族之間的惡感，輕啓釁端。〔註36〕

劉爾炘電文達京後，徐世昌詢問在京甘紳意見，大多數以隴東鎮守使陸洪濤
在甘治軍嚴明，士民愛戴，一致主張陸督甘。之前，國務總理靳雲鵬曾經通
過其秘書向馬福祥婉轉提出籌款 40 萬元送國務院，馬氏真除甘督即可發表。
但馬無力籌得此款，再加上後來形勢之轉變，徐世昌於是決定由陸洪濤真除
甘督。

陸洪濤真除之命發出後，甘肅回族各鎮以擁馬福祥之目的未達到，胥由
隴東一電所致，將士憤不能平，以致省垣紛傳各鎮獨立之說。為了化解民族
之間隔閡，劉爾炘再度居間調停：

> 我甘漢回相習，久如一家。夫前電措辭不當，如市井小兒口角，
> 稍有智識者，皆能辨之。鄙人等深知貴族將帥決不能有此意見，或者
> 麾下士卒不能化種族之見，不能無人我之分，意念不平，發而激論。

後來，又由甘州馬璘居間奔走，各鎮始至省垣拜謁。為了籠絡甘肅回族各鎮，
1920 年 12 月 31 日，北洋政府調馬福祥為綏遠都統，任命馬鴻賓為寧夏鎮守
使。使得寧夏、綏遠相互聯絡，互為策應，馬福祥雖則沒有督甘，但是這一
結果也是出其意外。

至此，此次事變表面上似乎歸於平靜，但對於事變之中張兆鉀等所發表
通電所致之惡果，又為日後西北政局及民族政策的演變預埋了伏筆。馬麒曾
予以駁斥：

〔註34〕《邊聲週報》，第十九期，第 11 頁。《民國珍稀短刊斷刊》，甘肅卷（二）。
〔註35〕白壽彝：《回族人物志》（近代卷）。
〔註36〕宋幹臣：《我所知道的馬福祥》，甘肅檔案館館藏。

其乃挾仇視異種之見，以挑撥甘肅漢回之惡感，而貽禍地
方……中華民國以五族組成，明明載在約法，一視同仁。豈可自分
畛域……回漢世仇之詈言，不獨甘肅回人所不能承認，想漢人亦決
不能承認……麒爲尊重約法起見，爲保護人權起見，不得不大聲疾
呼，正告我九百萬同胞曰：吾甘回漢相安已久，萬不可輕信個人之
邪說，自擾隴上治安，諸公洞明時局，愛護桑梓，對於陸電之事，
必有卓見。〔註37〕

第二節　政策提出

一、相關政策之形成

1918 年 2 月 17 日，《修正中華民國國會組織法》關於西北地區的規定：
眾議院議員名額分配：甘肅 10 名，新疆 7 名；蒙古 19 名，西藏 7 名，青海 2
名；參議院議員蒙藏青海回部之議員以通曉漢語漢字爲限。名額分配蒙古 15
名，青海 2 名；在中央選舉會中規定回部王公 1 名且具有政治經驗。在選舉
法中規定蒙古西藏青海議員之選舉名額分配：烏梁海 1 人，科布多 2 人，阿
拉善 1 人，哈薩克 1 人，青海 2 人。〔註38〕

1920 年 8 月 15 日，徐世昌發佈優待蒙古令「對於內外蒙古，均應加意扶
綏。所有從前需索欺凌等弊，務當革除淨盡，並當崇尚黃教，維持習俗，以
順蒙情，其有關蒙民福利者，尤必悉心籌辦，俾圖發達，並由國務院轉飭法
制局於此次改訂西北籌邊使官制。斟酌現在情形，採取蒙漢參用主義，妥慎
釐定，呈候頒行，用示中央廓然大公之旨」。〔註39〕1920 年 10 月 14 外蒙及呼
倫貝爾先後呈請中央稱「竊我外蒙自清康熙以來，即隸屬於中國。喁喁向北，
二百餘年。上自王公，下至庶民各相安無事。自道光年間變更舊制，有拂蒙
情，遂生嫌怨。迨至前清末年，行政官吏穢污，眾心益行怨怒。斯時外人乘
隙煽惑，遂肇獨立之舉，嗣經洽訂條約，外蒙自治告成，中國空獲主權之名，
而外蒙官民喪失利權。迄今自治數載，未見絲毫進行，內政齋亂，言之難盡。
追念往事，令人誠有可歎者也……情願取消自治，仍復前清舊制。凡於札薩

〔註37〕楊效平：《馬步芳家族的興衰》，西寧：青海人民出版社，2002 年，第 75 頁。
〔註38〕《政府公報》，1918 年 2 月 18 日，第 744 號。
〔註39〕《政府公報》，1920 年 8 月 16 日，第 1618 號。

克之權，仍行直接中央，權限畫一。所有平時內政，防禦外患，均賴中央扶救」，〔註40〕1922 年 11 月民國政府本《蒙古待遇條例》頒佈《外蒙善後條例》（原名《外蒙取消自治後中央待遇外蒙善後條例》）規定：中央待遇外蒙，務符五族平等之意；內地官民應尊重黃教，優待喇嘛；所屬之各盟長、將軍、札薩克等王公貴族，均照中華民國體制，由大總統分別頒給。該條例共六十三項，本「必求周備不遺，施之中央者，必求無有所吝」之精神，〔註41〕是為《蒙古待遇條例》在民國政府時期的又一重要補充周全。

對於新疆出現的大土耳其主義，民國政府批准楊增新函請從嚴檢查土耳其人由漢口及內地各處寄信及土文印件，並通電各省督軍、各省長轉令各檢查員，並令郵政部、交通部、外交部一體遵行。〔註42〕1918 年 1 月 24 日，在給新疆省長楊增新的覆電中電告新疆當局，對於流亡中亞非俄國屬民的護照，中國政府一律不予承認；對於所有由俄國郵局至喀什的郵件由華官、俄領事應嚴且檢查。〔註43〕

二、相應機構體制之變化

（一）從理藩部到蒙藏院

1914 年 5 月 4 日，袁世凱改蒙藏事務局為蒙藏院，並於 6 月 5 日公佈了《蒙藏院辦事規程》，對相關規程做了詳細規定，進一步從法律上、體制上完善了中央處理民族地區事務的機構。1917 年，張勳復辟，溥儀改蒙藏院為理藩部，任命蒙藏院總裁貢桑諾爾布為理藩部尚書。1920 年 2 月 26 日，徐世昌又卜令恢復蒙藏院舊制，任命恩華為副總裁。〔註44〕在 1914 年至 1928 年間除卻 1922 年 4 月至 1923 年 2 月這一段時間之外，蒙藏院總裁一職一直由貢桑諾爾布擔任。

〔註40〕中央研究院近代史所：《外蒙古》，程道德等編著：《中華民國外交史資料選編》，北京：北京大學出版社，1988 年，第 574～576 頁。

〔註41〕《外蒙取消自治後中央待遇外蒙及善後條例》，程道德等編著：《中華民國外交史資料選編》，北京：北京大學出版社，1988 年，第 498～505 頁。

〔註42〕李念萱：《中俄關係史料——新疆邊防》，臺北：中央研究院近代史研究所，1961 年，第 5 頁。

〔註43〕李念萱：《中俄關係史料——新疆邊防》，臺北：中央研究院近代史研究所，1961 年，第 11 頁。

〔註44〕《政府公報》，1920 年 2 月 27 日，第 1450 號。

（二）從西北籌邊使到西北邊防會辦

外蒙取消「自治」後，爲了適應新的西北邊疆形勢及民族關係，1919 年 7 月 18 日，民國政府公佈《西北籌邊使官制》：

第一條　政府因規劃西北邊務，並振興各地方事業，特設西北籌邊使。

第二條　西北籌邊使，由大總統特任。籌辦西北各地方交通、墾牧、林礦、硝鹽、商業、教育、兵衛事宜，所有派駐該地各軍隊，統歸節制指揮。

關於前項事宜，都護應商承西北籌邊使，襄助一切，其辦事長官，佐理等員，應並受節制。

第三條　西北籌邊使，辦理前條事宜。其有境內毗連，關涉奉天、黑龍江、甘肅、新疆各省，及其在熱河、察哈爾、綏遠，各特別行政區域內者，應與各該省軍政民最高長官，及各都統，妥商辦理。

第四條　西北籌邊使，施行第二條各項事宜時，應與各盟旗盟長、札薩克，妥商辦理。

……〔註45〕

西北籌邊使公署下列總務廳、財政廳、商運廳、郵傳廳、墾牧廳、林礦廳、禮教廳、兵衛廳，分別職掌司法、賦稅、商務、郵政、墾牧、林礦、禮俗、軍警等事務。

1920 年 9 月 9 日，民國政府下令「以《西北籌邊使官制》不合現情」，〔註46〕改令「此後庫烏科唐等處事宜，即由鎮撫使督率所屬各員依照暫行條例辦理」，〔註47〕正式取消西北籌邊使。

1923 年 5 月 11 日，由大總統曹錕特任陸軍檢閱使馮玉祥爲西北邊防督辦。〔註 48〕西北邊防督辦負責管理內外蒙古和新疆地方事務，並對西北地區邊防負有行政上、軍事上的完全責任。〔註49〕1923 年 7 月 14 日，民國政府核

〔註45〕陳崇祖：《外蒙古近世史》，第 2 編，上海：商務印書館，1926 年，第 140～141 頁。

〔註46〕《政府公報》，1920 年 8 月 16 日，第 1618 號。

〔註47〕《政府公報》，1920 年 9 月 10 日，第 1634 號。

〔註48〕《政府公報》，1923 年 5 月 12 日，第 2574 號。

〔註49〕邱遠猷主編：《中國近代官制詞典》，北京：書目文獻出版社，1991 年，第 154 頁。

准《西北邊防督辦公署組織暫行條例》十一條，其中規定：

第一條　西北邊防督辦公署直隸於大總統，暫由陸軍檢閱使兼任，對於西北邊防負有行政及軍事上完全責任。

第二條　邊防督辦應管轄之區域內外蒙古及新疆一帶地域。

……

第十條　邊防督辦對於西北各緊要區域必要時得呈准中央設鎮撫使各缺以資鎮懾。

第六條　邊防督辦公署設下則各處：參議處，機要處，副官處，民政處，軍備處，外交處。

……〔註50〕

7月26日，新疆省議會致電參眾兩院，反對該暫行條例，請將新疆一省劃出西北邊防督辦管轄範圍之外，以維邊局。同年9月下旬，中央函覆新疆，准將新疆劃出西北邊防督辦管轄範圍之外。〔註51〕1924年10月25日，北洋政府明令改西北邊防督辦為國民軍總司令。

（三）地方體制的變化（拉卜楞）

民國政府在變更中央管理西北民族事務機構的同時，對於西北民族地方的體制亦進行改革，以圖穩定邊局，鞏固國防。民國初年，中央政府置阿勒泰特別行政區，直屬中央政府管轄。之後隨著科布多失陷，阿爾泰地區已重現孤懸新疆之外之局。隨之，沙俄移民駐兵阿爾泰地區，意圖造成既成事實之局。1917年1月，中俄商定阿爾泰條約規定：俄人民暫行享用在喀喇額爾齊斯河及其支流免稅貿易及航行之利益，並准俄人經營該河之航政；應將布爾楚木河口已經劃定之碼頭再行擴充；完全承認俄人民於阿爾泰區域享有地段及他項不動產之權。〔註52〕阿山之形勢，難保不淪為科布多之後塵。此種危局之下，1918年8月，庫倫陳都護使陳毅呈請府院擬將阿爾泰歸併新疆改建道區，陳毅在呈文中指出阿山合併十利二危：利者曰財政、軍事、外交、實業、蒙務、交通、用人、界務、人心、國防；危者曰蒙哈民族關係、俄人

〔註50〕《政府公報》，1923年7月18日，第2639號。

〔註51〕中國社會科學院近代史研究所中華民國史研究室編：《中華民國史資料叢稿・大事記》（第9輯1923年），北京：中華書局，1986年，第91～92頁。

〔註52〕李念萱：《中俄關係史料——新疆邊防》，臺北：中央研究院近代史研究所，1961年，第2頁。

侵逼。〔註 53〕1918 年 11 月 22 日，阿爾泰新土爾扈特、新和碩特、烏梁海三蒙部王公貝勒等電呈新疆省政府：科布多失守，阿爾泰岌岌可危，蒙眾日夜驚惶，東避西逃，不堪苦困。阿長官顧全無力，任聽自生自滅，從未過問，悵悵然無所依靠。若非我帥不分畛域一視同仁……何有今之完聚安全也，且亂後部眾多遷往新疆，歲俸亦多由新疆墊發，則部眾該歸新疆管轄，自無不宜。〔註 54〕1919 年 1 月 17 日，庫倫陳都護使陳毅再次呈請府院擬將阿爾泰歸併新疆改建道，以挽西北危局。1919 年 3 月 7 日，阿山兵變，宣佈獨立。楊增新轉呈民國政府，推薦候補道周務學代理阿山長官，率兵平叛。〔註 55〕1919 年 6 月 1 日，民國政府發佈大總統令「阿爾泰地方，歸併新疆，改區爲道。阿爾泰辦事長官，著即裁撤。所轄區域，歸併新疆省，改設阿山道尹一缺。所有該長官原管之蒙哈事務，均由該道尹循舊接管」。〔註 56〕

　　民國初期，在西北民族地區除了傳統的行省制度之外，還設立了「甘邊寧夏護軍使」、「青海辦事長官」等特別行政區，具體管轄阿拉善厄魯特旗、額濟納舊土爾扈特旗以及青海的軍政、民政、司法、外交等地方及民族事務。1915 年 10 月 3 日，徐世昌發佈大總統令，改青海辦事長官爲甘邊寧海鎮守使，並令青海辦事長官一缺，著即行裁撤，改設甘邊寧海鎮守使。以青海屬甘，以長官事屬鎮守使。〔註 57〕民國政府任命馬麒爲甘邊鎮守使並蒙蕃宣慰使，總理甘邊寧海事務及蒙藏民族事宜。

　　1914 年 3 月 22 日，民國政府公佈《寧夏將軍組織行政公署暫行章程》規定：

　　寧夏將軍兼理蒙旗事務；1914 年 7 月，民國政府廢寧夏將軍改設寧夏護軍使，又稱甘邊寧夏護軍使，管轄境內的軍政、民政、司法、外交以及民族等相關事務。1921 年 7 月，民國政府改寧夏護軍使爲鎮守使，由馬鴻賓任第

〔註 53〕　《庫倫陳都護使陳毅呈請府院擬將阿爾泰歸併新疆改建道區》（1918 年 8 月），新疆社科院歷史研究所：《新疆地方歷史資料選輯》，北京：人民出版社，1987 年，第 645～651 頁。
〔註 54〕　《呈轉阿爾泰屬蒙部呈請該隸新疆請示核辦文》（1918 年 11 月 22 日），新疆社科院歷史研究所：《新疆地方歷史資料選輯》，北京：人民出版社，1987 年，第 652 頁。
〔註 55〕　楊增新：《補過齋文牘》，乙集二。
〔註 56〕　《大總統令》（1919 年 6 月 1 日），新疆社科院歷史研究所：《新疆地方歷史資料選輯》，北京：人民出版社，1987 年，第 653 頁。
〔註 57〕　《政府公報》，1915 年 10 月 4 日，第 1224 號。

一任鎮守使，節制阿拉善、鄂托克、烏審等地軍務。〔註58〕

三、民國政府西北民族政策之實施

「易督風潮」之後，甘肅回漢軍閥之根本格局並未改變。外界不時有傳馬福祥復督甘之語。貌似平靜的甘肅政局又醞釀著新的變化。爲此甘肅駐京辦董士恩就阻止回族執掌甘肅政事致電陸洪濤：

> 近日又有調綏馬長甘之謠，聞信之下，立往謁見元首，元首答稱並無其事，並謂倘若果有此事，余決不許可，主張甚爲堅決。
> 〔註59〕

爲了向北洋政府詳陳易督之後的甘局，董士恩在調馬都統長甘必引起回漢之爭事致敬公函中對甘局做了詳盡分析：

> 甘省八鎮，漢回各居其半，各存種族之見亦非始自今日。若調馬氏長甘，種族宗教所必與四鎮合爲一，以馬氏所部之兵合各回鎮原有之兵，其勢力已駕凌漢鎮而上。漢鎮各軍與回鎮勢成兩立，則甘省立兆分崩。〔註60〕

而當時之情勢，一則新疆在楊增新治下，形同獨立；二則，甘肅「易督風潮」所造成的民族之間的裂痕尚未平息；三則國際上「大土耳其主義」之濫觴，再加上北洋初年的國內局勢，因之，北洋政府對於甘肅易督前後所反映的民族問題，不得不愼重考慮：

> 近來回教建國之說雲氣傳播，業已普及甘新，凡屬回族之人莫不躍躍欲試。新疆楊督以回治回，鑄成大錯，現在積重難返，已成尾大不掉之勢。若再以甘畀之馬氏，不啻爲虎增翼，甘新兩省軍政大權均落入回人之手，倘再聯絡一致反對中央，我則鞭長莫及，將何術善其後，雖未必能爲土耳其之主張公然建國，而部落世襲，實爲勢所必然，則西北一隅，恐將不復爲我所有矣。〔註61〕

新疆業已非中央所能控制，如若再失甘肅，則整個西北之游離中央之外勢在

〔註58〕吳忠禮：《寧夏近代歷史紀年》，銀川：寧夏人民出版社，1987 年，第 175 頁。

〔註59〕《董士恩就阻止回族執掌甘肅政事致陸洪濤電》，甘肅檔案館，88-1-6。

〔註60〕《董士恩就調馬都統長甘必引起回漢之爭致敬公函》，甘肅省檔案館，88-1-25。

〔註61〕《董士恩就調馬都統長甘必引起回漢之爭致敬公函》，甘肅省檔案館，88-1-25。

難免。而甘肅問題所在，雖則政治上爲權力之爭，但是隱藏於政治之後的民族問題實則爲時刻影響甘肅乃至西北穩定的關鍵性因素。因之，政治問題之解決，尚有待於民族問題的正確解決。解決民族問題之關鍵，就在於制定與執行何種民族政策。

爲了妥善處理甘肅乃至西北之民族問題，北洋政府首先亦採用羈縻籠絡之策，給予各民族宗教上層人物以種種虛榮，以使之穩定地方，和輯各族。面對西北地區長期存在的民族問題，申之以「五族平等」、「五族共和」之意，在中央無力西顧情形之下，維持各民族之間的均勢狀態，以期最終之解決。

在羈縻籠絡之時，北洋政府也採取種種措施，以防地方民族勢力坐大局面地出現。因之對於回族地方實力派，一方面要示之以恩，藉以籠絡；另一方面對其進行制約，以防出現一方獨大，打破均勢，造成新的民族問題。

第三節　西北地方對民國政府民族政策之認識及反應

馬元章，原名雲鵬，字光烈，號禎祥，經名里亞頓丁，尊號鎖底根倆·默罕默德·努爾，生於咸豐三年（1853年）九月六日，歸眞於民國九年（1920年）12月16日，祖籍甘肅階州（今武都），出生於雲南通海，哲赫忍耶道祖馬明心四世孫，哲赫忍耶第七輩教主。

馬元章生活年代，正值清末民初動盪時期。從雲南到陝甘，自晚清入民國，其一生政治、宗教事蹟，史籍所載亦頗爲豐富。本文在此就馬元章與民國初年甘肅「易督風潮」幾個問題進行考正，從史料梳理之中分析馬元章宗教、民族思想，從而對其在民初西北之民族政策做一客觀認識。

張廣建督甘時期，政令繁苛，民怨四起。倒張之舉，由是由來已久。寧海鎮守使馬麒、涼州鎮守使馬廷勷、甘州鎮守使馬璘、寧夏新軍司令馬鴻賓、河州鎮守使裴建準以及甘肅旅京同鄉會紛紛響應，馬福祥、馬麒、馬鴻賓、馬璘、馬廷勷等聯名通電全國，列舉張廣建諸多不端，宣佈驅張自治。〔註62〕爲了壯大聲勢，馬福祥將馬元章拉入到自己陣營之中，利用馬元章在西北政治、民族、宗教的影響，以圖早日驅張離甘。但後來形勢發展變化，使得馬福祥原本意圖未能實現。其間之變故亦與馬元章有著某種程度之關係。

〔註62〕馬廷秀：《督甘的失敗》，《寧夏三馬》，北京：中國文史出版社，1988年，第12頁。

而意欲釐清馬元章與此次」易督風潮」之關係，概要從下面幾個問題之分析考正入手。

一、馬元章致袁世凱電

在民初甘肅「易督風潮」中，馬元章對馬福祥爭奪甘督態度之何如，學者多從馬元章致北洋政府一則電文闡述。

關於馬元章此則電文首見於馬辰《馬元章與哲赫忍耶教派的復興活動》一文：

> 民國 5 年（1916 年），張廣建、馬福祥互爭甘肅督軍，馬福祥以同教關係，請馬元章向總統爲他玉成其事。袁世凱徵求馬元章意見，張、馬二人誰爲甘肅督軍合適。馬元章回電稱：要想西北民眾安居樂業、國家太平統一，不重演西夏分裂局面，愚見還是張公適宜；而當地人做當地之官沒有不培植私人勢力的，此爲千古通例，祈總統明察。於是袁從其諫，委任張廣建爲甘肅督軍兼省長。〔註63〕

次見於白壽彝先生編著《回族人物志》：

> 民國 5 年，張廣建、馬福祥互爭甘肅督軍之職，馬元章向袁世凱建議說：要想西北民眾安居樂業，國家太平統一，不重演西夏分裂局面，還是張公爲宜；凡當地人在故鄉爲官未有不培置私人勢力的，此千古通例，祈總統明察。袁世凱從其諫，委任張廣建爲甘肅督軍兼省長。〔註64〕

後來，在虎有澤《張家川回族研究（一）》中亦用此說：

> 民國 5 年（1916 年），因張廣建與馬福祥互爭甘肅督軍，馬福祥請求馬元章以同教（伊斯蘭教）的關係而偏袒他，而馬元章以西北民眾安居樂業，國家太平統一爲出發點，保舉張廣建，並回電袁世凱，袁認爲馬元章言之有理，遂任命張廣建爲甘肅督軍兼省長。在張廣建的倡議下，蘭州各界贈馬元章「東南西北人，江河湖海船」的大幛。〔註65〕

〔註63〕 馬辰：《馬元章與哲赫忍耶教派的復興活動》，《清代中國伊斯蘭教論集》，銀川：寧夏人民出版社，1981 年，第 301 頁。

〔註64〕 白壽彝：《回族人物志（下）》，銀川：寧夏人民出版社，2000 年，第 1582 頁。

〔註65〕 虎有澤：《張家川回族研究（一）》，蘭州：蘭州大學出版社，2007 年，第 214 頁。

此則史料首先出現於馬辰之文中。仔細分析對比此後諸文，不難發現，後世多沿襲馬辰之說法。但是，而馬辰關於此電之回憶，個中尚有諸多考正之處。

其一，有關馬福祥、張廣建爭督之時間。關於馬福祥、張廣建甘督爭奪之事件，是為五馬驅張之前後，檢諸史書及後人回憶之文獻，事件發生之時間為1920年，關於此事件之論據可見《甘肅近現代史》、《馬福祥傳》、《西北五馬》、《馬福祥年譜概略》等相關文獻。〔註66〕而不是上述諸說採之1916年。

其二，1916年之時，馬安良尚在河州，後於1917年被張廣建任命為河西護軍使，不久因病去世。〔註67〕馬安良死後，寧夏護軍使馬福祥方成為甘肅回軍之首望人物。而1916年之時馬福祥正在後套一帶致力於與盧占魁、高士秀的戰爭，馬鴻逵與袁世凱死後，為黎元洪特遣授勳特使，赴寧授馬福祥「勳四位」。〔註68〕因之，1916年時，馬福祥尚不具備與張廣建爭甘督之條件。

其三，袁世凱委任張廣建為甘肅省長兼督軍。袁世凱卒於1916年6月6日。之後，黎元洪繼任為大總統，段祺瑞內閣成立，段祺瑞執政時期，於1916年7月6日改訂各省軍民長名稱，文職稱省長，武職稱督軍，〔註69〕張廣建此後方為黎元洪任命為甘肅省長兼督軍，而張廣建亦為此專呈黎元洪以示恭謝，電文落款俱稱「甘肅省長兼督軍勳四位張廣建謹呈」。〔註70〕由是可知，張廣建甘肅省長兼督軍之任命，實則應是袁世凱死後，段祺瑞執政期間之事。且張廣建追隨袁世凱多年，對於張、馬之去留任命，袁世凱亦無諮詢地方之理。

馬辰，馬元章之曾孫，對於其回憶錄中之資料，其曾於卷首言及：

> 文中資料主要是根據我父親所講他跟隨曾祖多年的親身經歷見聞。並參考曾祖平生寫作的原稿（未付印）和官府來往的函電原件。

〔註66〕關於張廣建、馬福祥爭奪甘督時間，史書多載為1920年。見吳忠禮、劉欽斌《西北五馬》，鄭州：河南人民出版社，1993年，第101頁；丁煥章：《甘肅近現代史》，蘭州：蘭州大學出版社，1989年，第218頁；和龑：《馬福祥年譜概略》，《寧夏文史資料》，第11輯，第47頁；以及相關史料均為1920年。

〔註67〕盧世謨：《馬占鼇、馬海宴、馬千齡家族述略》，《臨夏文史資料選輯》，第2輯，第94頁。

〔註68〕馬福祥修：《朔方道志》，卷首，天津：天津古籍出版社，1987年。

〔註69〕俞鹿年：《中國官制大辭典》，吉林：黑龍江人民出版社，1992年，第1566頁。

〔註70〕張黎暉、蔣原環、王文彬、岳宏、張茂鵬：《北洋軍閥史料‧黎元洪卷（10）》，天津：天津古籍出版社，1996年，第871頁。

　　　　本文所述片段，僅是時隔多年的記憶，掛一漏萬，差錯之處，
在所難免。〔註71〕

之後，隨著學者研究的深入，這一史料亦發生了變化，此行文之變化首現於
丁明俊《馬福祥傳》中：

　　　　馬福祥在與陸洪濤爭奪甘督鬥爭中，爲了壯大聲勢，將伊斯蘭
　　教哲合林耶教主馬元章也拉入自己陣營。當時馬元章爲重振哲和林
　　耶門宦，曾主動聯絡漢族商紳及政界要人，在政界非常活躍，在甘
　　肅也是個舉足輕重的人物。馬福祥以同教關係，請馬元章向總統府
　　保薦，促成此事。馬元章滿口答應，而背地裏向徐世昌發電稱：「要
　　想西北民眾安居樂業，愚見還是陸公適宜，而當地人做當地官沒有
　　不培植私人勢力的，此千古通例，祈總統明察」。徐世昌對馬元章意
　　見很重視。〔註72〕

在丁先生文中，爭督之人爲陸洪濤與馬福祥，電文之人爲馬元章與徐世昌。
或是囿於篇幅關係，至於據何而正，丁先生行文中並沒有詳細考正。但通過
上文分析，結合其他相關史料之佐證，本文在此亦以丁先生之說爲是。

二、馬元章對「易督風潮」之態度

　　在「易督風潮」中，馬元章先是如約赴寧與馬麟、馬廷勷、馬福祥等一
起商討驅張大計，後又在回漢軍閥相持關鍵時刻致電徐世昌，力薦陸洪濤督
甘。表面觀之，馬元章前後之舉頗有矛盾，似有騎牆之態。但是通過馬元章
及其當時環境分析，還是不難看出其對「易督風潮」的態度何如。

（一）馬元章與政府之關係

　　有清一朝，哲赫忍耶在西北地區發展過程中經歷了風風雨雨，馬元章在
前人基礎之上，提出融洽政教之間關係，以求得當局認可。他常說「悟往者
之不可諫，知來者之猶可追」，因之其十分注意與當局者及社會知名人士的交
往。他常常告誡宗教界同仁，只有愛國，只有遵守國家法令，才有教門的存
在與發展，必須正確處理好政教關係。〔註73〕經過其長期不懈努力，其宗教

〔註71〕馬辰：《馬元章與哲赫忍耶教派的復興活動》，《清代中國伊斯蘭教論集》，銀
　　　　川：寧夏人民出版社，1981年，第290頁。
〔註72〕丁明俊：《馬福祥傳》，銀川：寧夏人民出版社，2001年，第83頁。
〔註73〕余貴孝：《固原歷史名人》，銀川：寧夏人民出版社，2008年，第114頁。

活動取得了當局及社會各界認可。隆裕太后嘉獎其「深明大義，忠勇可嘉」，民國政府成立後，又先後授予其「一等寶光嘉禾章」，「二等寶光嘉禾章」。一戰中，其又致電政府，表明竭誠擁護中央之決議，得到袁世凱稱讚，並爲其頒贈一等「稼禾」勳章。〔註74〕

1918 年，馬元章來到蘭州，受到了張廣建的歡迎，並在蘭州各處誦經悼念。對於馬元章一系則之政治活動，用其自己話言之，就是「交上交下無非振衛教道，登山涉水亦是救濟死生」。〔註75〕

（二）馬元章對宗教之處理

馬元章一生博覽諸子百家和史籍文物，是哲派歷代教主中通經漢兩文並有著作的唯一人物。他接受劉介廉思想，強調用漢文宣講教義，用儒道之學，解釋宣揚伊斯蘭教，又用儒家忠義之道建立哲赫忍耶的教權制度。〔註76〕其一生之著述有《道祖生平實錄》、《鑒古訓》、《天難問》、《古之忠奸論》、《省己格言》、《道統論》、《自警歌》、《評史詠》、《天命圖》、《訓古鑒》等，集中反映了其政治、宗教、社會等思想理念。而其在宗教上最大之革新，則莫過於對「舍希德」重新闡釋。

馬元章時期，其所面臨的主要任務是重振哲赫忍耶，如何引導教眾「舍希德」之熱情，事關整個哲赫忍耶的發展。因之，他對於「舍希德」做了重新闡釋：「伊斯蘭教是爲活人創立的。我們都『舍希德』了，《古蘭經》叫誰念？綠旗教誰舉？『舍希德』不是無緣無故的，是最後迫不得已的，自找的死，就不是『舍希德』。教門未成身先死是最大的遺憾」。〔註77〕

馬元章對於「舍希德」思想的重新闡釋，貫穿了其「和爲貴」的理念，反映了清末民初哲赫忍耶宗教思想的一個大的轉變，對緩和當時教派矛盾、民族矛盾以及與政府之關係起到了積極的作用，爲哲赫忍耶教派的發展創造了一個和平環境，同時也對清末民初西北之社會穩定創造了有利條件。

〔註74〕 李九皋、劉懷仁：《馬元章史略》，《寧夏固原史志叢書》，銀川：寧夏人民出版社，1991 年，第 156 頁。

〔註75〕 白壽彝：《回族人物志（下）》，銀川：寧夏人民出版社，2000 年，第 1583 頁。

〔註76〕 馬通：《中國伊斯蘭教派與門宦制度史略》，銀川：寧夏人民出版社，2000 年，第 314 頁。

〔註77〕 馬辰：《馬元章與哲赫忍耶教派的復興活動》，寧夏哲學社會科學研究所：《清代中國伊斯蘭教論集》，銀川：寧夏人民出版社，1981 年，第 389 頁。

（三）馬元章對民族關係之處理

同光之後，影響西北地區社會穩定之首要是爲回漢民族關係之問題。而回族內部教派問題亦爲制約回漢民族關係因素之一。爲此，馬元章採取「多求友少樹敵，凡是回民皆兄弟，何必煮豆燃豆萁」，〔註78〕強調各教派之間互相尊重，互不干涉。因之，終馬元章一生，與馬麒、馬福祥等相處甚洽，困擾西北多年之教爭在此彌爲無形。

對於回漢民族之間關係，馬元章一貫其「和爲貴」思想。其曾爲教民言「沒有回漢族的團結，就不可能復興教門」，要求教民摒棄成見，和漢族交朋友。〔註79〕他主動結交蘭州翰林劉爾炘、天水翰林安維俊等地方知名人士，並通過各種渠道擴大與當政各員交往。民國初年，馬元章通過回族官吏郭南浦，疏通甘肅督軍兼省長張廣建，元章和張廣建言談一席，一度得到張廣建的賞識。〔註80〕對漢族群眾凡來拜訪者，其必親迎，待若上賓。因之其爲民眾尊稱爲「馬大善人」。1918 年夏，美國記者 Rodney Gilbert 專程赴宣化岡採訪馬元章，作者亦在文中稱馬元章爲「馬善人」。〔註81〕由是可知其在地方回漢民族中的口碑與聲望。

張廣建督甘後期，政風腐敗。當時政壇上大凡軍事、政治、財政、稅收等方面重要位置，幾乎都爲張的同鄉和親信所佔。其所倚重的各級地方官吏，也多爲貪贓枉法之輩，而他所依靠起家的軍隊，也逐漸變成了一幫欺壓人民、爲害地方的驕兵悍將，他們因爲內部利益紛爭不斷地發生嘩變，致使張廣建也無法統馭。張廣建在甘肅的統治，遭到了回漢各族將領和開明士紳們的普遍反對，到 1919 年，「易督風潮」時有風聞。在當時情況之下，馬元章投入到驅張陣營，亦是爲爲民請命之舉。

但是後來「易督風潮」發生了變化，陸洪濤幫辦張兆鉀領銜通電中有「回漢世仇，如果中央不顧輿情，演成事實，彼等願同率健兒會獵與黃河之濱，以死周旋」等語。陸洪濤、孔繁錦部彙集蘭州，準備武力對抗馬福祥，他們聲稱「回軍當權，漢軍將無立足之地」。張兆鉀也宣稱「願領八千健兒，送陸

〔註78〕馬景：《馬元章「和爲貴」思想初探》，《甘肅民族研究》，2006 年第 1 期。

〔註79〕政協興仁縣委員會文史資料研究委員會：《興仁文史資料選輯》，1985 年，內部資料，第 86 頁。

〔註80〕李樹芳：《馬元章史略》，《張家川文史資料》（第二輯），內部資料，第 165 頁。

〔註81〕李忱、張世海、楊勇：《甘肅民族研究論叢》（第二輯），蘭州：甘肅人民出版社，2005 年，第 276 頁。

赴蘭」就任督軍。〔註82〕

　　而當時的回族軍事集團為鞏固和擴大地盤，擁戴馬福祥出任甘肅督軍。馬麒聯合馬廷勷、馬璘等亦計劃以武力擁護馬福祥赴蘭州，出任督軍。雙方業已呈現劍拔弩張之勢，以致省垣情勢日危，人心惶惶，幾如大禍降至。

　　事已至此，勢難挽回。若戰事一開，首當其衝的是甘寧交界之地民眾，地方糜爛、民族關係惡化等問題在所難免。此種情況與馬元章之民族宗教思想相背離。張廣建之時，馬元章曾於五泉山上對教眾言及「民國成立，五族共和，才有我們的今天」，〔註83〕中央亦對其多加封賜，寄以厚望。因之，對於馬福祥之爭督，起事之初尚屬為地方民眾考慮，當演變為政治權利爭奪之時，已經背離了當時之初衷，因之，馬元章雖則以同教關係，加入到驅張陣營，但實則並未完全贊同馬福祥武力驅張之為。

三、馬元章與「易督風潮」之變化

　　關於「易督風潮」之變化，學界多以馬廷秀之回憶為依據：

　　　　馬福祥派馬鴻賓為先遣軍，行至中衛，有馬福祥之掌案蘭州人何樸，向馬呈送公文之後，馬福祥想聽取一些輿論，問他：「出兵驅張，外邊有啥輿論？」何答：「將軍此舉，知道內情的人們說是為民除害，不知的人說回回又反了。」這句話觸及馬福祥心弦，立即電令馬鴻賓停止待命，不得前進一步。馬福祥平素以和睦民族，維護和平相標榜，於是就放棄武裝奪取的辦法，1920 年 12 月 24 日，乃聯合各鎮通電聲明與張廣建脫離關係，直接聽命北洋政府。〔註84〕

「易督風潮」形勢之變化，原由諸多因素所致，但是在此變化之中，馬元章及其影響亦為其中一重要之誘因。

　　其一，宗教因素。

　　咸豐、同治年間，哲赫忍耶以寧夏金積為中心，開始走上復興之路。至馬化龍時期，以寧夏為中心的哲赫忍耶教生達五十萬之多。〔註85〕同治之後，

〔註82〕楊效平：《馬步芳家族的興衰》，西寧：青海人民出版社，2002 年，第 73 頁。
〔註83〕馬辰：《馬元章與哲赫忍耶教派的復興活動》，寧夏哲學社會科學研究所：《清代中國伊斯蘭教論集》，銀川：寧夏人民出版社，1981 年，第 383 頁。
〔註84〕馬廷秀：《「甘人治甘」「五馬」驅張》，文斐：《我所知道的馬鴻逵家族》，北京：中國文史出版社，2004 年，第 16 頁。
〔註85〕馬辰：《哲赫忍耶教派史略》，《寧夏文史》，銀川：寧夏人民出版社，1988 年，

由於政治影響，哲赫忍耶活動中心逐漸轉移到甘寧交界之地。到馬元章時期，其以「十年生聚，十年教訓」的精神，在戰後廢墟之上重振哲赫忍耶。經過十餘年勵精圖治，教生達三十多萬，成為甘寧地區一支有重要影響力的宗教教派。當時固原地區哲赫忍耶教眾近 7 萬餘人，吳忠地區約 4 萬餘，張家川約 4 萬餘，〔註86〕馬福祥所倚重馬元章的亦恰為此。然而基於爭督風潮可能導致的民族宗教矛盾，馬元章實際上並不完全支持馬福祥之軍事行動，但迫於諸方面因素，又不得不與回族軍閥虛迤應付，但於實際過程中並未全力以赴。正是基於此，諸馬對於其武力驅張不得不重新考慮，棄武從文。

其二，天災人禍。

1920 年 12 月 16 日，海原地區發生芮氏 8.5 級地震。這場地震東起固原，經西吉、海原、靖遠等縣。西端一直達到景泰縣，2 萬餘平方公里幾乎成了無人區。甘肅的中部、東部和南部幾十個縣全被橫掃。〔註87〕甘寧交界地區重災縣達 6 個，有的縣死亡人口達該縣總人口一半以上，地震造成「四鄉死亡極多，往往全家壓斃，產業無人繼承……震後糧食多被鎮壓，一時不及刨出，災民多取場內未碾穀麥帶殼充饑，住則因房均塌，皆搭草棚或鑽入草堆，時嚴寒凍餓致死者甚眾」。〔註88〕此次地震死亡人數多達 23.4 萬人，百姓財產損失不可數計。

當時之情況，回漢軍閥軍事實力相當，且陸洪濤一方略處優勢（詳見前表）。而此時海原地震對於地方之破壞也使得諸馬武力驅張在人力、物力上難以為繼。馬元章亦於此次地震之中罹難。而此時，馬福祥亦因武力驅張可能引起諸問題進退維谷，馬元章罹難為其就勢罷兵提供了藉口。馬福祥遂放棄武力驅張策略，改為和平手段迫張離甘。

其三，民族問題。

對於馬福祥主甘可能導致的問題，陸洪濤在給北京政府的電文中言道：「如今彼族於四鎮之外，再加一手握政權之省長，則一切用人行政高下，在心漢族永無復有立足之地」。〔註89〕對於陸洪濤所言，實則非為北京政府所擔

第 28 頁。

〔註86〕 李樹芳：《馬元章史略》，《張家川文史資料》（第二輯），內部資料，第 170 頁。

〔註87〕 王遠方等編著：《災難檔案》，北京：中國少年兒童出版社，2001 年，第 30 頁。

〔註88〕 《民國九年十二月甘肅地震報告》，謝家榮：《謝家榮文集》，北京：中國地質出版社，2007 年，第 49 頁。

〔註89〕 楊效平：《馬步芳家族的興衰》，西寧：青海人民出版社，2002 年，第 75 頁。

心，北京政府所擔心的是：

> 甘省八鎮，漢回各居其半，各存種族之見亦非始自今日。若調馬氏長甘，種族宗教所必與四鎮合爲一，以馬氏所部之兵合各回鎮原有之兵，其勢力已駕凌漢鎮而上。漢鎮各軍與回鎮勢成兩立，則甘省立兆分崩。

> 近來回教建國之說雲氣傳播，業已普及甘新，凡屬回族之人莫不躍躍欲試。新疆楊督以回治回，鑄成大錯，現在積重難返，已成尾大不掉之勢。若再以甘界之馬氏，不啻爲虎增翼，甘新兩省軍政大權均落入回人之手，倘再聯絡一致反對中央，我則鞭長莫及，將何術善其後，雖未必能爲土耳其之主張公然建國，而部落世襲，實爲勢所必然，則西北一隅，恐將不復爲我所有矣。〔註90〕

馬元章歷晚清而民初，對於民初西北之政局認識頗清。因之，在北洋政府對土耳其同盟國宣戰時，其向政府致電以表擁護中央之決議，因而獲得袁世凱頒贈一等「稼禾」勳章。對於此次「易督風潮」，中央之態度以及事態發展，馬元章在事先已有清晰認識，因之其方致電徐世昌，表示「要想西北民眾安居樂業、國家太平統一，不重演西夏分裂局面，愚見還是張公適宜」之意。客觀言之，馬元章此電亦頗有見地。北洋政府在徵求地方人士意見之後，綜合考慮西北地區之民族宗教及政治形勢，於 1921 年 1 月發佈命令，真除陸洪濤爲甘督，「易督風潮」至此方告一段落。

馬元章傳教的一生及其在「易督風潮」之言行，反映了民國初年西北地區回族宗教及思想之變化：

民國初年，回族各界人士，大力宣傳愛國思想，提出了「保國即是保教，愛國即是愛教」的口號，把回族與國家的關係比作血肉與軀體的關係，呼籲回族民眾關心國家大事，化回漢畛域，避免互相爭鬥，謀求民族和國家的富強。同時改變以往「教不外傳」的舊傳統，竭力向外界宣傳伊斯蘭文化，使得人們對伊斯蘭教有一正確認識。〔註91〕而正是此種變化，造就了民國初年西北地區粗安局面的形成。

〔註90〕《董士恩就調馬都統長甘必引起回漢之爭致敬公函》，甘肅省檔案館，88-1-25。

〔註91〕金雲峰：《小議辛亥革命以來回族時代徵之轉變》，《第三次全國回族史討論會（蘭州會議）論文集》（1987 年），甘肅省圖書館館藏。

　　綜觀北洋政府此一階段之西北民族政策，雖則於《中華民國約法》中明確規定「中華民國人民，無種族、階級、宗教之區別，法律上均爲平等」，並相繼頒佈了一大批針對蒙藏回部條例，但是具體在西北地區，囿於諸原因，其在民族政策之制定執行當中並未能切實執行之。相反還是繼續沿用前朝之手法，其在西北民族問題之處理上，治標並未治本。這種理論政策層面與實際執行之中的反差，使得西北地區原有的民族問題一直存在，並且，隨著國民軍進入甘肅打破了原有的平衡，各種矛盾又一次爆發出來，造成了北洋末年至國民政府初期的甘肅政局的動盪不安。

第五章 民國政府之西北民族政策
（1925～1928）

　　1925 年以後，國內政治局勢發生了重大變化。首先是國內政治格局出現新的力量。1921 年 7 月 1 日，中國共產黨在上海成立。1923 年 1 月 1 日，中國民黨發表宣言，宣佈時局主張及民族、民權、民生政策。1 月 26 日，蘇俄代表越飛與孫中山在上海聯合發表宣言，向民國政府施加壓力。國共合作後，開始全力北伐。與此同時民國政府內部卻陷入到權力紛爭之中。1924 年 9 月，第二次直奉戰爭爆發，同年 10 月 23 日，馮玉祥在北京發動「北京政變」，宣佈成立「國民軍」。北京政變後，段祺瑞聯合奉系張作霖排擠馮玉祥出北京。1926 年 7 月 9 日，蔣介石就任國民革命軍總司令，誓師北伐，1928 年 12 月 29 日，張學良在東北宣佈易幟，北伐戰爭宣告成功，南京國民政府形式上統一全國。

第一節　問題所在

一、蘇俄對華政策的轉變與中國西北地區民族問題

　　1924 年 5 月 21 日，民國政府與蘇聯簽訂《中蘇協定》，該協定包括《中蘇解決懸案大綱協定》、《暫行管理中東路協定》及 7 個聲明書、2 件公函。其中最主要的一條

　　　　蘇聯政府因視外蒙為完全中國領土內之一部分，現已準備將一
　　　切軍隊立即盡數撤退，並聲明與外蒙所訂各項協約等等概行廢止。
　　　〔註1〕

〔註 1〕《中國提出解決中俄懸案大綱協定草案》（1924 年 5 月 25 日），薛銜天等：《中

雖則蘇聯在外蒙問題上撤軍，但是加拉罕只是在承認中國領土主權及蘇軍撤離，拒絕提出撤軍的時間表和步驟。1924 年底，蘇聯外委委員齊切林聲明「我們承認蒙古人民共和國是中華民國的一部分，但是我們也承認外蒙古更廣泛意義上的自治，承認它不僅在內政方面不受中國支配，而且能夠獨立地實行其對外政策」，〔註2〕1924 年 11 月 26 日，外蒙古宣佈廢除君主立憲制度，成立「蒙古人民共和國」，1925 年 3 月 6 日，蘇聯政府照會民國政府，蘇聯政府「已進行撤退外蒙紅軍，並現時已完全撤盡」，〔註3〕然而，事實真相卻是自此之後蘇軍一直駐紮外蒙，造成外蒙獨立的既成事實。蘇軍駐軍外蒙以及造成的外蒙獨立既成事實，在一定程度上影響著民國政府西北民族政策的制定與實施。

俄國十月革命後，受戰爭影響，急需發展經濟以解決民生問題。1920 年，蘇方主動派員進入新疆進行商貿洽談，雙方在 1920 年 5 月 27 日在伊犁伊寧城達成協議，通過了伊犁臨時局部通商十三條。隨後 1921 年至 1923 年間，蘇方曾三次派遣代表到新疆，以協商擴大貿易的問題，雙方最終於 1924 年 4 月達成通商條款九條。新蘇通商條款達成以後，雙方在經貿往來上更加頻繁。

蘇新貿易統計表（單位：盧布）：〔註4〕

年　別	1923 年	1924 年	1925 年	1926 年	1927 年	1928 年	1929 年
蘇入新貨物	8427000	418000	2611000	6092000	10232000	10647000	16051000
新入蘇貨物	9846000	3015000	4535000	10331000	11745000	13528000	13778000
雙方貿易總額	18273000	3433000	7146000	16426000	21986000	24175000	29829000
入超							2273000
出超	1419000	2397000	1924000	4139000	1522000	2881000	

　　　蘇國家關係史資料彙編（1917～1924）》，北京：中國社會科學出版社，1993年，第 212 頁。

〔註2〕〔俄〕尤‧米‧加則諾維奇著，周紹珩譯：《尼古拉與慈禧 則寧與孫中山》，成都：四川人民出版社，1999 年，第 227 頁。

〔註3〕北洋政府籌辦中俄事宜公署：《中俄交涉的函、電、照會等》──蘇聯駐華大使館喀拉罕致外交部照會，1925 年 3 月 6 日。

〔註4〕張大軍：《新疆風暴七十年》，臺灣：蘭溪出版社，1980 年，第 2260 頁。

　　在新疆出口貨物中，農牧原材料產品佔了絕大多數，而蘇聯在出口貨物中卻以工業產品爲主，其結果，一方面造成了新疆在財政上對蘇方的依賴，另一方面使得新疆成爲蘇方原材料基地。蘇新經濟聯繫的加強以及新疆經濟的畸形發展，使得中央在新疆事務上日漸顯輕，相反蘇方在新疆問題上的關注力及影響度日益加大。這樣不僅在政治格局走向上影響著新疆政治的未來，而且在民族問題上亦增加了對新疆及民國政府的制約。

　　庫車事變後，楊增新在《復喀什道尹朱瑞墀函》中宣稱「現在國際艱難，凡遇交涉之件，如遇國權無損，可了則了」。〔註 5〕正是由於新疆地方模棱兩可之態度，在一定程度上縱容了英國在新疆分裂的氣焰，給日後南疆地區的穩定埋下了隱患。

　　但是此時期英國對新疆政策亦發生了轉變，其主要目的在於：加強宣傳攻勢，鞏固英國在新疆的地位，確保其在南疆的優勢；繼續擴大對新疆的貿易，填補因俄國退出而留下的貿易空白；大力開展對蘇俄的情報搜集活動，將新疆變成英蘇之間緩衝地帶；並阻止蘇俄勢力進入新疆。〔註 6〕因之此一階段之南疆地區，處於相對平穩的發展時期，但是此並不表明英國在南疆活動的停止，相反，英國亦利用此一時期積極發展自己勢力，培養代言人，成爲以後與蘇俄在新疆的爭奪和南疆地區的不穩定因素

二、西北地區民族問題之變化

（一）甘肅 —— 回族軍閥的崛起

　　「易督風潮」結束後，1920 年 12 月 31 日，北洋政府調馬福祥爲綏遠都統，任命馬鴻賓爲寧夏鎮守使。加上涼州鎮守使馬廷勷、甘州鎮守使馬璘、寧海鎮守使馬麒，共同構成了隴上回鎮。回漢軍閥格局的出現，是民國初年甘肅政治、經濟、宗教、文化長期發展的產物，從某種程度上也反映了民初甘肅民族關係的變化。

　　從政治層面而言，回族軍閥的崛起是西北民族地方政治發展的產物。從清末同光以來，在西北歷次重要政治活動中，西北回族軍閥發揮著重要的作用，他們已經成爲西北政治舞臺上不可或缺的力量。對於中央而言，他們是

〔註 5〕楊增新：《補過齋文牘》，乙集一。
〔註 6〕許建英：《論楊增新時期英國對中國新疆政策》，《中國邊疆史地研究》，2007年第 3 期。

維繫西北地方穩定的重要力量。對於地方而言，他們又是地方民眾民心所歸，無論是從民族感情還是宗教因素，亦或是其他渴望平安生活的下層民眾而言。再加上經過清末以來政治變換的歷練，西北回族軍閥也不斷地與中央政治進行調適。他們曾鎮壓過西北伊斯蘭，也爲挽救清朝的危亡浴血秦川，在政治風雲突變時亦能及時調整方略，宣佈擁護共和。更難能可貴的是在回漢相持之際，能夠審時度勢，及時抽身，從而改變了清末以來的政治形象。西北回族軍閥經過幾十年來的政治磨練，在政治上已經日漸成熟。因此其在西北政治上的崛起是當時政治的產物。

從宗教層面分析。1920 年，馬麒將馬果園搶回青海，在西寧東關清眞寺成立「寧海回教促進會」，把該寺改爲「海乙」寺，成爲青海各清眞寺的總寺。後來馬步芳利用伊赫瓦尼培養的「新十大阿訇」，以「寧海回教促進會」的名義，向其他清眞寺派去開學阿訇，強行推行伊赫瓦尼，排擠其他教派，甚至暗中支持軍隊與馬安良一派進行武裝械鬥，最終取得了青海境內的全部教權。在青馬集團的支持之下，伊赫瓦尼在甘寧青地區得到了迅速發展。在青馬集團控制之下的青海地區，一些軍隊將領及政府官員有的同時身兼二職，即爲世俗社會的官員，同時又爲教派門宦的宗教領袖。這些宗教的上層人物往往利用自己的特殊身份介入到社會政治、經濟、軍事活動之中，借其進行宗教事業，而對於當權者青馬來說，其也恰好借助於宗教方面的力量來維護自己的統治。

1914 年，馬福祥出任寧夏鎮總兵，一開始就藉重伊赫瓦尼的社會影響來培植自己的勢力，伊赫瓦尼在寧夏官方的扶植之下有了長足的發展。1925 年，馬鴻逵掌握寧夏政權以後，開始傚仿馬步芳在青海的手法，全面推行伊赫瓦尼。

地方主義、民族主義與國家。美國學者弗朗茲・邁克爾認爲：

> 地方主義一直是中華帝國歷史上一個最重要的現象。所謂「地方主義」，是指在中國的一些關鍵地區，出現了軍事政治權力的中心，他們承當著政府的某些重要職責，但他們仍然處在國家體制中。
>
> 〔註7〕

梁啓超認爲：

〔註 7〕邁克爾：《19 世紀中國的地方主義》，《國外中國近代史研究》第 11 輯，北京：中國社會科學出版社，1988 年，第 32 頁。

民族主義就是各地的同屬一種族、使用同一語言、信奉同一宗
教、有著共同風俗習慣的人，他們彼此視爲同胞兄弟，致力於獨立
自治，組織完善的政府，一起謀求公共利益抵禦其他種族的侵略。
〔註8〕

近代以來，作爲影響西北政局的一支重要力量——回族開始登上西北歷史舞
臺。這其中除了統治階級政策層面的因素，亦有作爲一個新興力量在政治舞臺
上的訴求。回族軍閥作爲這一發展趨勢的代表，從其構成中明顯帶有這一印記。
從宗教上言之，舊有的教派體系逐漸淡出，新興的政教緊密結合的新興勢力開
始興起，並且得到了廣大下層教民的認可與支持。從軍事方面分析，作爲軍閥
存在的基礎，「甘馬回河」使得其明顯帶有民族性、地域性的特徵。通過軍事支
撐而起的回族軍閥，在軍事力量的支持之下，建立了帶有地域性、民族性的地
方政權，二這些地方政權在其構成上亦反映了地方性、民族性的民族主義、地
方主義的訴求，使得地方民族主義得以伸張，從而贏得了地方民眾的支持。小
的地方主義、民族主義的伸張，與之相對應的是國家主義的減弱。再加上當時
中央權威不振，就難免受到來自地方主義、民族主義的挑戰。

所以，雖然這些回族軍閥，一方面仍然承擔著地方政府的某些職責，仍
然處於國家體制之中，但是其地域性、民族性的特徵，又表現出一定的相對
獨立的傾向。再加上一戰之後大土耳其主義的氾濫，使得中央政府對於西北
地方勢力採取制約措施，藉以維護西北的安全。

（二）新疆——楊增新民族政策之弊端

楊增新治新民族政策，學者研究較爲充分，其治理新疆於民族政策方面
言之，主要以羈縻與牽制爲中心，籠絡上層，分而治之，愚民守舊，宗教自
由與限制，防止外在勢力對新疆民族宗教的影響。如若單就楊增新任內而言，
其治理新疆可謂得心應手，卓有成效。但是當其離後，新疆馬上陷入紛亂之
中，究其緣由，金樹仁政府政策措施失誤是主要因素，但是，又不能不承認，
其中亦有楊增新治理新疆之時民族政策的影響。

首先是在哈薩克問題上，民國時期先後由俄國境內逃入新疆的哈薩克難
民二十餘萬人，雖然楊增新把他們安插在阿爾泰地區，但是楊增新對於哈薩
克的封地及封爵卻不願承認。〔註9〕造成哈薩克牧民對於牧場只有使用權而無

〔註8〕梁啓超：《新民說》，張金海譯注：《近代報刊文選譯》，成都：巴蜀出版社，
　　　　1997年，第113～114頁。
〔註9〕楊增新：《補過齋文牘續編》，卷2（呈文編下）。

佔有權，無形中造成蒙哈之間矛盾，使之相互牽制，以利於自己分而治之。同樣的情況亦出現在回、漢、纏等民族身上。分而治之方略的實施，很大程度上依靠為政者自身的修養和政治素質，在楊增新時期，由於其個人權威及各種政策遊刃有餘，因之終楊之時，新疆沒有發生大的動盪。但是一旦楊增新離去，分而治之政策的平衡點消失，潛伏的各種矛盾便爆發出來。再者，誠如民國政府所言，楊增新分而治之的最終結果，在制衡中總要有所倚重，而其所倚重的力量為地方力量，造成了地方勢力的抬頭。一旦新疆有變，中央勢必是力所難及。

對於楊增新在新疆的愚民政策，客觀言之，在新疆的穩定中發揮了一定的作用。據民國六年調查，全省只有初級師範一所，學生四十名，高級小學六十二所，學生一千六百餘名，女子初小一所，學生二十名，全年支教育費不過五萬元。〔註 10〕新疆教育之不發達，主要是因為課程設置及教師配置上沒有考慮到少數民族因素，因之，少數民族子弟入學的極其少見。這其中最為主要的因素還是楊增新對新疆教育作用的無視。就是對於那些到內地求學的新疆學生，楊增新亦是一再告誡他們不要為內地政黨所惑，否則定要招致殺身之禍。於此同時，楊增新還加大了對往來新疆信件的檢查，除了關內極少數兩三種報刊外，其他一律被拒之門外。應該說，楊增新的愚民政策還是取得了一定成效，當他向民國政府遞上辭呈時，被新疆各民族宗教上層人士的一致挽留，當他於七七政變身亡後，「全省人民共哭野祭，雖婦人孺子亦皆向鄉而哭」。〔註 11〕但是不能否認的是，其愚民政策造成了少數民族民眾國家觀念的淡薄，這樣就為英俄造成了可乘之機。

在對待門宦問題上，其杜絕門宦勢力在新疆的傳播，從當時情形而言，對於新疆局勢的穩定起到了一定的作用。但這一問題還要從另一方面去分析。西北門宦是由中亞而新疆，由新疆而河湟，最終在河湟地區與中原文化相交融，形成了獨具中國特色的宗教派別。並且進一步在西北地區發展壯大。應該說，河湟地區宗教進入新疆是歷史的必然。如若拋卻政治因素，從文化角度分析，伊斯蘭教由中亞而新疆，有新疆而河湟。發展到一定程度，由河湟而新疆的宗教反哺，應該說是文化發展的選擇。楊增新在禁斷河湟門宦的同時，也同時拒絕了中原文化進入新疆的宗教載體。

〔註 10〕江東江：《楊增新》，《逸經》第 26 期。
〔註 11〕吳紹璘：《新疆概觀》，南京：仁聲印書局，1933 年，第 112 頁。

第二節　政策提出

一、相關政策之出臺

　　1925 年 8 月 3 日，民國政府通過《中華民國憲法案》，其中對於西北諸省參議院之規定：參議員由內外蒙古選出者各二人，前後藏各二人，青海一人。在地方制度中規定：內蒙古各旗與其關係各省區制定憲法時應依本憲法第一百十二條第一百十四條之規定有與縣同等參與之權。內蒙古各旗於其關係各省區之議會有與縣同等選出議員之權。青海與甘肅省之關係准用第一百十八條第一百十九條之規定。內外蒙古前後藏所屬之行政區域各設議會以本區域選出之議員組織之，於其區域內之自治事項有立法權。內外蒙古各札薩克或沿用承襲或用選舉制，各依其憲法定之，如用選舉制時其被選之札薩克仍須經地方行政首長呈請大總統任命。內外蒙古前後藏及回部原有爵號概仍其舊。〔註12〕

二、國民軍西北民族政策

　　直系北洋政府時期，雖則在西北民族政策上採取治標之法，但卻維持了西北地方各民族及軍事集團之間的均勢，沒有在西北地區引起大的民族問題。因此在某種程度上說，其民族政策適合了當時形勢的需求。但是，這種狀況隨著中央政權的更迭亦發生了相應之改變，而中央政治之變革亦隨之波及到西北地區，引起了北洋政府西北民族政策的變化。此中變化還得從當時統治西北的國民軍之民族政策去梳理分析。

（一）國民軍統治時期之民族政策

　　1924 年馮玉祥發動北京政變後，擁護段祺瑞出山組織臨時政府，段任命馮為西北邊防督辦，又以其部下張之江為察哈爾都統，李鳴鐘為綏遠都統。但是這遠遠不能滿足國民軍當時發展的需要，夾在張作霖和馮玉祥之間的段祺瑞既要滿足馮的地盤要求，又不能無視奉張的勢力。恰逢甘督陸洪濤屢電辭職，段於是順水推舟任命馮為甘督。對於馮玉祥來說，甘肅地處邊荒，不為各方所爭；道遠路偏，易守難攻；地處陝西、新疆之間，發展餘地很大，可以西進東出。因此馮派暫編第二師師長劉郁芬率師入甘。

　　國民軍入甘徹底改變了甘肅政治原有的格局，衝擊著晚清以來甘肅社會

〔註12〕岑德彰：《中華民國憲法史料》，上海：上海印刷所，1933 年，第 1～26 頁。

的各個方面，在一定程度上打破了甘寧青社會的封閉落後局面，給這個「世外桃源」注進了新的社會氣息。無異於一次眞正意義上的辛亥革命。甘肅自古就是一個多民族聚集地區，回族人口占當時人口的大多數，當時就有回七漢三之說。因此國民軍在治理甘肅的過程中，不可避免的要涉及到民族問題。民族問題處理的得當與否，直接影響著甘肅政局的穩定和國民軍後方的鞏固，影響著其大西北計劃和逐鹿中原目標的實現。

劉郁芬入甘後，首先解決了李長清包玉祥心頭之患，接著又消滅了隴東、隴南張兆鉀、孔繁錦等漢族軍閥，在甘站穩了腳跟之後，爲了徹底底定甘肅，平息了河州、涼州事變，控制了河西，壓制住馬麒集團，表面上統一了甘肅政局，結束了民元以來的割據混亂局面。但是隨著馮玉祥中原大戰的失敗，國民軍滯留在甘肅的最後一支力量——雷中田的師，也隨著國民軍的失勢而瓦解。至此，國民軍經營甘肅徹底失敗。國民軍經營甘肅的失敗是由多方面的原因造成的，然而透過這諸多因素，我們還是不難看出其在民族政策上的問題。

國民軍入甘之前，主要精力放在京津地區的角逐，對於甘肅不能投入大量的兵力；入甘之後，又面臨李長清的挑戰，並且隴東隴南方面也是貌合神離。因而，回族地方實力派的態度直接關係著國民軍能否在甘肅站穩陣腳。對於這一點，馮玉祥、劉郁芬都深知。在入甘前後，一方面由於國民軍和回族實力派還沒有大的利害衝突；另一方面，雙方還要互相利用，藉以消滅共同面臨的對手。所以國民軍在對待少數民族問題上還能執行正確的政策：

首先，搞好民族團結。能否團結好回族地方實力派，處理好回漢民族之間的問題，關係到國民軍入甘的成敗和入甘後的戰略目標的實現。因而，入甘之前，馮玉祥先請段政府任命馬福祥爲西北邊防會辦、馬安良的兒女親家曾任甘涼道尹的馬臨翼爲西北邊防襄辦〔註13〕。馮「信馬福祥力可聯絡諸馬，於己有利」。〔註14〕馬福祥其實也不希望國民軍深入其傳統勢力範圍，然而馬福祥在國內政壇以善於觀察而著稱，他畢竟瞭解馮玉祥的軍事實力，同時也希圖借馮玉祥提高在全國的影響力。於是就向馮表達了合作的意向「吾等要挽救大局，非群策群力，和衷共濟不可」。〔註15〕在馬福祥幫助下，國民軍順利通過綏遠，進

〔註13〕 《涼州文武職官銜名冊》，手抄本，稿藏於甘肅省圖書館。

〔註14〕 《馮玉祥入甘尚待疏通》，《中華民國史料外編》（第五冊），桂林：廣西師大出版社，1995 年，第 559 頁。

〔註15〕 中國第二歷史檔案館：《馮玉祥日記》 （第一冊）。南京：江蘇古籍出版社，1992 年，第 459 頁。

入寧夏，並且把馬鴻逵的第五混成旅改編國民軍第七師。馬臨翼也於 8 月初進入甘肅，代表馮氏慰問回族軍人，通候省內外回漢人士。因其前與各方的交誼，宣傳聯絡，回族諸鎮對馮均表示歡迎。〔註16〕劉郁芬也深悉各方情形，除對孔繁錦表示優厚外，對諸回鎮也極盡籠絡。面對甘肅回漢雜居的局面，馮玉祥也告戒甘肅省長薛篤弼「回漢界限，務要打破」。〔註17〕

由於國民軍入甘以後首先面臨的問題是如何解決李長清和漢族軍閥，為此不能不對回族地方實力派採取羈縻籠絡的辦法，以求首先解決身邊的危機。如果說對於回族上層是出於策略的需要。而作為政府，他要面對的卻是廣大的下層回族民眾，雖然說從光緒 21 年河湟事變之後，回族軍閥逐漸為廣大回族民眾所接受和認可，並且取代各個教派勢力成為統治回族民眾的新的力量，團結他們可以減少來自上層勢力的阻力。而要真正實現民族團結，只單單靠此是遠遠不夠的。因此國民軍入甘以後首先發佈行文，明令禁止公文中回字禁帶犬旁，其次在甘肅紳民大會上也多次強調，各民族團結起來，鞏固團結，彼此不分畛域，才能共生共榮。〔註18〕在河州事變前劉郁芬借新年勉勵數事告戒漢回各鎮漢回宜親睦，漢回親睦即能感化蒙番五族一家，情感日洽，萬不可以宗教燒殊妄分畛域。河洲事變發生之後，隨著事態的發展，民族問題開始出現，為此國民軍發佈「此次河匪嘯聚省軍往剿原為除暴安良由」再次強調甘肅各族雜處，親若兄弟，政府布政施令，一視同仁，凡我回漢良民，應各安居樂業。〔註19〕在河洲事變之時，組成了由回漢晉紳喇世俊、馬國棟、徐紹烈、馬國禮、馬紹光等人組成的戰地政治委員會，力爭和平解決河洲事變。並且在善後工作中也堅持實行回漢紳耆並用的方針，用來泯滅畛域，停息謠傳。

其次，實行民族平等。1924 年北京革命後，馮玉祥宣佈奉行孫中山先生的三民主義。1926 年 8 月 25 日，馮玉祥在遊俄歸國途中發表宣言，率國民軍全軍正式加入國民黨。9 月五原誓師之後，馮玉祥聲稱完全接受孫中山的三大政策，做一個革命的三民主義者，將國民軍建立在民眾的意義上，完全成為

〔註16〕《甘肅兵民政變史料》（第三期），甘肅省圖書館稿藏藏。

〔註17〕中國第二歷史檔案館：《馮玉祥日記》（第二冊），南京：江蘇古籍出版社，1992年，第 124 頁。

〔註18〕劉郁芬：《甘肅省紳民代表大會講演錄》，甘肅省圖書館稿藏本。

〔註19〕《此次河匪嘯聚省軍往剿原為除暴安良由》，《甘肅省政府政令類編》（布告.民國 18 年），甘肅省圖書館稿藏，第 126 頁。

民眾的武力，與民眾相結合。因而，馮玉祥在都甘之方針中首先就強調「漢回蒙番，各族一體待遇」，薛篤弼在治甘方針中也強調「甘肅漢回蒙番各族，同屬國民，均應一體待遇，一本平民政治之精神以為設施民政之指歸。各廳各道各縣知事均應遵照實力奉行，無論課稅催糧，勸學敷教，以及審理訴訟等事，對於各族人民胥應一視同仁，不得稍分畛域」。〔註 20〕

甘肅漢回雜處，易生衝突，且回民眾多，大率擁兵自衛，稍有不慎，禍亂隨來。劉郁芬深知此點緊要。因而入甘之後以省政府訓令的名義宣佈漢回平等，勸告甘肅回漢同胞「夫五族共和為我國立國之基礎，國內民族一律平等，為民族主義之原則」。教育廳指令拉卜楞設置局，漢番平等。為了解決回藏之間關於拉卜楞的衝突，馮玉祥訓令甘肅當局對於回藏各族，竭力扶植解放，俾臻平等。並且在覆馬麒函中對於藏民羈絡強族，尤深憤慨，並囑此須以絕對平等待之。〔註 21〕後來經過共產黨人宣俠父、賈宗周周密調查和艱苦工作，雙方於 1927 年簽訂《解決拉卜楞案件的條件》，最終迫使寧海軍退出拉卜楞地區。〔註 22〕解決了回藏之間數年來的矛盾衝突。

第三，貫徹信仰自由的宗教政策。馮玉祥是基督教徒，人稱基督將軍，但他對於宗教信仰的認識卻沒有任何偏見，他認為伊斯蘭教、佛教、基督教同是世界性宗教，中國人不論信奉何種教，都是中華民族一員，決不可因信奉某種宗教，生出種族界限，互相歧視。〔註 23〕國民軍對外也宣稱宗教信仰，是自由的。在河州事變之中省政府也迭次文告勸誡「信教為人民之自由，保護宗教亦國家的責任，此次導河匪眾雖有少數回族莠民加入，不能以此項敗類罪及宗教。現在匪患將次第肅清，所有回教一切寺院拱北等及其他產業應由地方官及當地民眾切實保護，無論何人，不得有侮蔑損害情事，如有不遵約束者，查出嚴懲」。〔註 24〕

〔註 20〕甘肅省長公署編印：《治甘行政簡要方針》（民國 15 年 8 月），甘肅省圖書館稿藏本。

〔註 21〕李泰棻、宋哲元：《西北軍紀實》，香港：大東圖書公司印行，1987 年，第 187、452 頁。

〔註 22〕《甘南簡史》，《甘南文史資料》，第 5 輯，蘭州：甘肅人民出版社，1986 年，第 141 頁。

〔註 23〕康民：《馮玉祥在西北》，蘭州：甘肅人民出版社，1999 年，第 113 頁。

〔註 24〕尹作權：《國民革命軍入甘革命戰史》，蘭州：甘肅印刷局，1929 年，第 34 頁。

（二）入甘以後民族政策之轉變

國民軍入甘之初，爲了迅速在甘肅站穩腳跟，利用回漢軍閥民元以來爭奪甘肅的矛盾，採取團結回族地方實力派的策略，首先清除了李長清勢力，接著又消滅了隴東、隴南漢族軍閥的割據勢力，初步取得了甘肅的統治權。但是隨著漢族軍閥的次第消滅，回族軍閥有了唇亡齒寒之感，於是逐漸改變以往的支持和中立態度，紛紛謀取自保。

要想徹底底定甘肅，改變過去各自爲政的局面，營造一個鞏固的後方，就必須消滅所有地方割據勢力。因而，國民軍與回族軍閥的矛盾開始日益顯現。再加上不足三個月的時間就徹底消滅了李長清、張兆鉀和孔繁錦軍事集團。五原誓師後，國民軍開始重振聲威，因而劉郁芬也就一改過去對回族軍閥的籠絡羈縻政策。

首先統一了軍權，規定：凡屬甘肅軍隊均由督辦屬統攝調遣，增減部隊由督辦命令行之，營長以上官長之升遷調補必須呈請督辦加委，軍隊移防也必須由督辦命令方可施行。制定新的軍制，沒有督署命令，不得擅自更改。各鎮及軍事機關薪餉軍費統由督署撥發。之後旋派曹輯五到西寧點校馬麒第二十六師的編制人數，並且曹又到玉樹等藏區考察，與藏族部落頭人會晤。〔註25〕接著由借拉卜楞事件，把寧海軍的勢力驅逐出甘南地區，拉卜楞改劃甘肅管轄。爲了削弱諸馬的力量，馮玉祥在二次北伐後電令西寧、涼州各出騎兵 1500 名。而當時西寧騎兵總共才有 3000 餘人，涼州總兵力也只有 2000 餘人。〔註26〕就涼州方面而言，除了軍事上的壓力外，甘肅省署又接連催繳民國以來積欠糧賦三四十萬石。因而，就當時的形勢而言，諸馬軍閥面臨著國民軍的高壓之勢，國民軍要求回族軍閥要麼服從政府，與政府合作，要麼就軍事消滅。這時的國民軍已經逐漸改變了以往的羈縻忍讓，一改而爲軍事壓服。

面對國民軍的咄咄逼人之勢，西寧、涼州方面自知難敵，於是就轉而與張作霖合作，連起手來，利用當時的形勢挑起了河州、涼州事變。國民軍在軍事打擊的過程中，被迫改變一味軍事鎮壓的手段，對於大多數的宗教代表人物，在不直接參與事變的前提下，儘量團結他們到政府的周圍。因而雖然

〔註25〕吳忠禮、劉欽斌：《西北五馬》，鄭州：河南人民出版社，1993 年，第 137 頁。
〔註26〕文公直：《最近三十年中國軍事史》，《中國軍事史略》（民國叢書第一編），上海：太平洋書店，1930 年，第 115 頁。

馬麒馬仲英有著緊密的叔侄關係，但由於馬麒手腕的靈活，還是避免了國民軍的打擊。

在國民軍統治甘肅期間，其民族政策是團結各少數民族，打擊上層的分裂反對勢力，因而對於下層的少數民族群眾而言，其一貫的民族團結政策並沒有發生變化，變化的只是針對上層反對勢力的方針策略，而當上層勢力轉而合作時，他們便又成為團結合作的對象。

民族平等問題上的變化。國民軍入甘之初，很好的執行了民族平等的政策，從而贏得了回漢各族人民的廣泛擁護，迅速在短時間內平定了反叛勢力，穩定了甘肅的政局。但是隨著涼州、河州事變的發展，矛盾雙方都為己方利益考慮，在實際行動中，使得民族平等的局面發生了超出雙方意願的變化。河州第二次解圍後，趙席聘坐視民團火燒八坊，使得 4 萬餘回族民眾無家可歸，雖然國民軍並沒有參與其事，但火燒八坊造成的民族問題，在以後的發展中卻造成了惡劣的影響。馬仲英進入甘南後，劉郁芬任命楊吉慶為洮岷路游擊司令，防堵馬仲英南竄。而由於馬廷賢被劫，回藏發生交惡，馬仲英火燒楊吉慶的衙署，並且燒毀了有 600 多年的禪定寺，在卓尼以及洮河沿岸搶劫燒殺；馬仲英西逃以後，楊吉慶遷怒臨潭回民，縱令土司兵進行報復；接著，臨潭又發生了馬西順起事，起事失敗後，國民軍讓楊吉慶等負責處理善後，結果，萬餘多回族無辜群眾慘遭屠殺。〔註 27〕給回藏人民造成了巨大的心靈創傷。

當然在事變之中，雙方都不願意看到民族問題的發生。但處於河州、涼州特殊的環境，事情的發展往往有時又非人力之所及。在事變之初，馬仲英也強調「不殺回，不殺漢，單殺國民軍辦事員」「殺一回一人抵命，殺一漢兩人抵命」。〔註 28〕但是在當時的環境情形之下，當民族之間的衝突對於雙方而言都顯得十分有利，不可否認雙方對民族問題利用的可能。因此上說，民族問題的發生，雙方都有著不可推卸的責任。但對於當權者而言，其責任就尤為顯得重要。

從入甘之初到河涼事變，從河涼事變到東撤離甘，國民軍民族政策經歷了從團結到鬥爭再到團結連續變化。而每一次政策的轉變，都有著其當時的

〔註 27〕 馬通：《中國伊斯蘭教派與門宦制度史略》，銀川：寧夏人民出版社，2000 年，第 135 頁。

〔註 28〕 《馬仲英事略》，甘肅檔案館稿藏。

歷史背景和深刻的原因。但就總體而言，還要從以下幾方面去追溯。

　　政治原因。國民軍南口之敗後，京津地區完全爲直奉聯軍控制，喪失了唯一的出海通道。只剩下甘綏外蒙國際路線。因而甘肅的穩定直接影響到綏遠，影響到蘇俄外援的到達；其次，國民軍入甘乃是抱定大西北主義的，概其原意是以甘肅爲中心，西進新疆，東取山陝，進而再圖中原；第三，國民軍五原誓師參加北伐以後，大軍源源東下，由於陝豫兵災連年，民力匱乏，軍需糧餉，都需要甘肅的供給。甘肅的戰略後方地位就顯得尤爲突出。而回族軍閥卻和國民軍貌合神離，並且暗中和奉系勾結，接受奉張的軍事經濟援助，準備趁國民軍北伐之際驅逐國民軍勢力出甘肅。

　　民元以後，中央權威日漸勢微，地方軍事實力派慢慢坐大。甘肅地區的回族地方實力派，其軍隊人數 11000 餘人，控制了秦州、涼州、河州、隴東等地，甚至省會蘭州也在馬安良的控制之中。張廣建督甘時期，各回鎮甚至一度提出甘人治甘的口號，謀取甘肅的統治權。當面對國民軍強大的軍事壓力時，這些地方實力派自付不是國民軍的對手，與其正面衝突無異以卵擊石。因而他們都暫時蟄伏起來，等待時機的出現。爲了震懾回族各鎮，1928 年初劉郁芬借新年勉勵告戒西寧、涼州方面：地盤思想，宜打破也。地盤愈大，敗之愈速。吾輩革命軍人，尤當糾正頹風。舊時惡習，宜革命也，駐軍不許干涉地方行政。〔註 29〕並且開始向諸馬的傳統實力範圍內派遣行政人員，力圖完全排擠回族軍閥的勢力，實現真正意義上的統一。而這恰恰就打破了回族軍閥所能容忍的底線。當他們發覺國民軍消滅軍閥的決心時，便轉而聯合起來，共同反對國民軍的統治。

　　正是由於雙方政治利益上的衝突，最終導致了雙方表面上合作的破裂，造成了雙方都不惜兵戎相見，以求一逞。

　　經濟原因。甘肅歷史上向爲協餉省份，由清以來，每年中央撥解甘肅協銀 440 餘萬兩。辛亥革命以後協餉來源斷絕，地方財政收入年年減少。再加上還要供養 26000 餘人的回漢軍閥，進一步造成了甘肅民窮財盡的局面。國民軍入甘以後，這一局面並沒有得到改善，相反由於戰爭的需要，反而進一步的擴大了人民的負擔。1924 年，甘肅的財政收入爲 206·2839 萬元，1926 年增爲 445·54 萬元，支出爲 498·78 萬元。1927 年實收 771·57 萬元，支

〔註29〕　《新年勉勵數事》（民國 16 年 12 月），《甘肅省政令類編》（公告），1929 年，
　　　　甘肅省圖書館稿藏，第 18 頁。

出 755‧07 萬元。1928 年實收 1280‧31 萬元，支出 1329‧34 萬。〔註 30〕從上述資料可以看出國民軍入甘以後，隨著中原戰場的進行，甘肅人民的負擔在逐年上升。然而在 1924～1928 年間，甘肅的各種災情卻在進一步惡化。1924 年甘肅全省春夏亢旱，禾幾無收，民大饑，轅門前發現有賣人肉包子。1926 年隴東大旱，武威發生水災。1927 年甘肅隴東及中、南部大旱，成災達五十餘縣。1928 年甘肅全省空前大旱自隴東迄河西，洮岷到寧夏，春不能下種，夏旱魃爲虐，寸草不生，顆粒未收。又時值狄河戰亂，天災人禍相加，全省災民達 244 萬餘。〔註 31〕

河南、陝西原本是富庶之地，但由於連年來軍閥混戰，早已是民不聊生。因此國民軍前方給養，多靠甘肅後方供應。但是貧瘠之甘肅何以供得馮玉祥幾十萬大軍。面對如此窘境，劉郁芬也疲於應付，馮於是就派善於理財的張允榮到甘，協助劉郁芬治理甘肅財政。

然而此時的青海馬麒集團卻通過開採金礦，壟斷鹽稅，壟斷皮毛貿易，向牧區徵收草頭稅等集聚了大量的財富。單其每年徵收的草頭稅就達 30 多萬兩，販運 1 萬斤羊毛，可獲利白銀 2000 兩。涼州馬廷勤在聚財上更是由過之而不及。他在轄區內自設官吏，私設稅卡，截留稅收，壟斷皮毛，走私鴉片，攫取了大量財富。三年之內就榨取「煙畝罰款」達白銀 100 萬兩，僅河州老家就有裝滿銀元的地窖 12 個。〔註 32〕

一方面是國民軍統治區的民力匱乏，人民破產；一方面是回族軍閥在轄區內橫徵暴斂，集聚財富。在當時的情況下，爲了解決財政經濟上的困難，劉郁芬和張允榮就不得不把目光投向了回族軍閥統治的地區，投向了集聚大量財富，私通奉張，暗中支持馬仲英的回族軍閥。

因此正是由於政治經濟利益上的根本衝突，導致了國民軍開始改變入甘之初的民族政策，背離了其入甘之初的政策，給甘肅人民造成了一次空前的浩劫。

（三）由國民軍民族政策之轉變觀北洋政府西北民族政策

從團結、鬥爭再到團結，國民軍在甘的民族政策雖然最終還是回到了正

〔註 30〕 丁煥章：《甘肅近現代史》，蘭州：蘭州大學出版社，1989 年，第 320 頁。

〔註 31〕 趙世英：《甘肅歷代自然災害概述》，《甘肅文史資料選輯》，第 20 輯，蘭州：甘肅人民出版社，1985 年，第 156 頁。

〔註 32〕 馬培清：《涼州事變與馬廷勤》，《武威文史資料》，第 1 輯，1989 年，第 145 頁。

確的路線上，但其在民族民族政策上的轉變最終導致了其西北經營的失敗。綜觀國民軍之西北民族政策，從中不難發現北洋政府的西北民族政策及其演變軌跡。

第一，對回族軍閥產生、發展以及其存在的原因認識不足。河湟事變之後，回族軍事集團開始走上一條近代化的道路。許多回族上層人物開始加入到馬家軍事集團中，世俗勢力與宗教勢力開始互相滲透。他們之間的排斥性慢慢減少，轉而走向了互相藉重。從上層人物到下層民眾，都源源不斷的跨入到馬家軍的行列。回族軍閥軍事集團與回族社會上層勢力的結合，使得該集團具有了一般軍事集團所沒有的深刻而穩固的民族社會基礎，造就了他們所獨具的頑強力量。他們雖然背叛了本民族，但最終卻又返回到本民族之中，並且深深的根植於民族內部。這就形成了回族軍閥的彈性。〔註33〕當外界壓力強大時，他們可以收縮、可以忍讓；當外力消失時，他們馬上恢復了原有的力量。再者，回族軍閥集團的存在，也大大緩解了西北回族社會與政府之間的對立。並且為了維護自己的統治，他們在轄區內大力推行民族平等的政策，極力消除民族之間的矛盾，發展地區經濟，在一定程度上維護了地方的穩定，贏得了各民族的支持。

馬仲英事變後的回族軍閥，對於政府來說，他們就是代表了回族；但對於回族民眾而言，他們卻又代表著政府。在如何處理好回族軍閥和回族民眾關係問題上，國民軍顯然沒有認識到這一點。雖然說作為軍閥勢力，回族軍閥有其落後性、反動性的一方面；但是作為一種地方勢力，其又有存在的合理性的一面。問題的關鍵也就在此，國民軍消滅軍閥，統一甘肅，代表著歷史的前進方向，適應了民心所向。但是國民軍雖然全面控制了甘肅，他們的觸角卻沒能夠深入腹地。馬家軍閥數年來經營起來的各種政治軍事勢力並沒有從根本上摧毀，只是改頭換面暫時蟄伏起來，其存在的社會基礎依然十分強大。〔註34〕失去了政府支持的回族軍閥這時轉而走向民間，開始在民眾之間尋找根源。由於民族、宗教上的關係，他們迅速獲得了在回族民眾的間支持。

在馬仲英事變中，國民軍雖然在軍事上取得了勝利，消滅了割據勢力；

〔註33〕霍維洮：《近代西北回族社會化組織進程研究》，銀川：寧夏人民出版社，2000年，第183，248頁。
〔註34〕楊效平：《馬步芳家族的興衰》，西寧：青海人民出版社，2002年，第87頁。

但是在政治上卻由於經濟上的掠奪、宗教上的簡單粗暴，使其失去了回族下層民眾的支持。而這最終的結果導致了國民軍不得不對馬麒集團讓步，在處理回族地區的事務上更多的依助於馬麒集團。不得不又回到團結回族軍閥的道路上。

第二，軍事之勝利所致民族主義思想之膨脹。入甘之初輕而易舉地消滅了漢族軍閥，導致國民軍軍閥思想嚴重膨脹，使得劉郁芬更加一味迷信武力，失去了和平處理事變的良機，從而導致國民軍在甘肅民心盡失。當雷馬事變發生後，國民軍想再次回到甘肅，但由於失去甘肅上層士紳和下層民眾的支持，最後不得不以失敗而告終。

國民軍從 1925 年入甘到 1930 年大軍東撤，前後不到六年，甘肅人民隨之也經歷了北伐戰爭，中原大戰。打破了甘肅以往與外界隔絕地落後局面。把近代化的氣息注入了甘肅，促進了甘肅政治、經濟、社會的發展。但是在打破舊局面的同時，也給甘肅各族人民帶來了嚴重的災難。經濟上的殘酷掠奪，軍事上的一味打擊，天災兵禍，也幾乎把甘肅人民推到死亡的邊緣。特別是其在民族政策上的迷信武力，對回族地區軍事實力派的政治潛在力、軍事潛在力認識不足，與回族軍閥之間兵戎相見，結果造成了回族地區下層民眾的蜂擁而起，最後不得不又走到入甘之初的道路上。這一在民族政策上的翻來覆去，再加上殘酷的經濟掠奪，使得回漢人民最終認識到國民軍的統治反而不如原有的統治秩序，正是由於民眾這種認識上的回歸，造成了回漢人民和政府之間的背離。

客觀而論，北洋政府之西北民族政策之完善健全，應是在國民軍治甘時期。國民軍治理甘肅之民族宗教政策，貫穿了民國政府民族政策之思想，並把民族平等、民族團結、宗教自由等政治理念變為現實。但是囿於軍閥自身因素以及國內當時政治局勢之變化，國民軍在西北民族政策上重新回到北洋初期的道路，導致了馬仲英事件的發生。因此，對於北洋政府西北之民族政策，其並沒有真正解決西北地區存在的民族問題，雖則各軍閥對政府的民族政策在不同層面上有所執行，但由於中央政府力所難及，因之其西北民族政策更多的是停留在理論層面，對於西北地區的民族問題並不能根本之解決。其後的馬仲英事件，把戰火從河湟地區燃至全甘，乃至於新疆，地方為之糜爛，整個西北地區之民族關係亦因之發生了大的改觀。

第三節　西北地方對民國政府西北民族政策之反應

　　國民軍統治西北時期，是西北社會轉型的重要時期，其西北民族政策的制定與推行，給閉塞的西北民族地區帶來了活力，同時也囿於軍閥政治本身的不足，也給西北民族地區帶來了動盪，甚而是災難性的影響。其對西北民族地區政治的重構，一方面爲西北民族地區注入了新的活力，另一方面由於急於求成，也使得其在推行過程中受到了來自各方面的阻力。

一、阿拉善戊辰事變

　　1924 年 10 月 23 日，北京政變後，馮玉祥被任命爲「西北邊防督辦」，1925 年秋，內蒙古人民革命黨在張家口成立，第三國際代表丹巴、國民黨代表李烈鈞、馮玉祥代表張之江參加成立大會，並推選白雲梯、郭道甫、包悅卿、伊德欽等爲領導。〔註 35〕此爲戊辰事變之先聲。

　　1926 年 9 月，馮玉祥在直奉戰爭中失利，退到西北地區。內蒙古人民革命黨白雲梯、郭道甫、伊德欽等在蘇聯顧問烏斯曼諾夫等協同下，到阿拉善地區開展革命活動。他們聯繫「小三爺「、田協安、孟雄等人，在吉鴻昌部姚連榜支持之下，1928 年 3 月 24 日，發動了「戊辰事變」。起義者宣佈成立「阿拉善旗政務委員會」，推翻代表封建制度的舊制度，成立民主、平等、自由的新政權。成立國民革命軍蒙兵第二路軍司令部，下轄兩個旅，由姚連榜任監督。新政權成立後，得到門致中部蘇雨生旅的支持，從而使得新生政權擊退了塔王的進攻，保住了新生的政權。

　　在武力不及情況之下，塔王請求南京政府立即制止門致中、吉鴻昌在阿行動，撤走在阿軍事力量，恢復塔王舊有統治秩序。接著塔王利用其蒙藏院總裁的身份派人到南京蒙藏委員會活動，利用舊有的關係和重金疏通，得到蒙藏委員會的支持。結果，蒙藏委員會以南京政府名義責令甘肅省主席劉郁芬從中調解，劉派遣部署於長東赴阿調解，於在塔王重金賄賂之下，宣佈：國民政府沒有發過取消札薩克制度的命令，解除蒙兵第二路武裝，扣押姚連榜，脅迫孟雄、田協安等人撤至寧夏。〔註 36〕

〔註 35〕卓力克：《關於阿拉善旗「小三爺事件」》，阿拉善盟地方志辦公室：《阿拉善地方志通訊》，1985 年，第 1 期，第 37 頁。

〔註 36〕阿拉善盟政協文史資料委員會：《阿拉善往事——阿拉善盟文史資料選輯》（甲編上），銀川：寧夏人民出版社，2007 年，第 229 頁。

二、拉卜楞設置局

1916 年 2 月 23 日，拉卜楞寺第四世嘉木樣圓寂，寺院裏佐李宗哲與攝政阿莽蒼活佛之間由於權力之爭引發了導致拉寺近十年的動盪。李宗哲以寧海軍和河南親王爲依靠，與阿莽蒼活佛之間展開寺院權力的爭奪。甘肅督軍張廣建電令西寧鎮守使馬麒就近查辦，寧海軍借機控制拉卜楞寺，並長期在拉卜楞地區駐軍、徵稅甚至干涉寺院事務。1920 年 9 月 22 日，嘉木樣五世在拉寺坐床，但寧海軍並沒有退出拉卜楞，繼續在拉寺駐軍、徵收賦稅、撤換僧官，干涉寺院事務。雙方矛盾隨之升級。

嘉木樣及西南番各頭目代表在向部院總長陳述寧海軍在拉卜楞的暴行「甘邊寧海鎮守使馬麒與其弟馬麟馬壽等，屠戮殘殺，敲骨見髓」，「我番族膏脂已竭，只存蟻命，尚難保留」，「寺務大小，莫不干涉。佛規僧例，取消殆盡」，雖「甘督派員赴寧勸說數次，馬麒置若罔聞。導河縣漢回官紳，屢出調停，而馬氏卒未允」。〔註37〕雖然陸洪濤亦電令「飭該統領督率所部，嚴爲制止」，「飛令馬使妥爲和平處理，免開邊釁」。〔註38〕然而「易督風潮」之後，甘肅已呈分裂之局，甘督陸洪濤的電令，對於馬麒而言，亦只爲一紙空文而已。因之，拉卜楞問題一值得不到妥善解決。

隨後，黃正清等又赴寧向馮玉祥乞訴，懇請國民軍對寧海方面「迅予撤換，以順輿情，而蘇民命」，〔註39〕但此時國民軍尚未在甘肅站穩腳跟，因此對黃等訴求暫置一邊。1926 年 11 月，黃等再次上書，懇請國民軍「主持正義，俯念下請，使此事早日求得公平解決」。〔註40〕國民軍方面派遣宣陝父到拉卜楞地區調查詳細情況，組織藏民文化促進會，化解內部紛爭，宣傳革命道理。1927 年春，國民軍方面代表賈宗周與寧海軍方面代表魏敷滋經過多次磋商，最終簽訂了《解決拉卜楞案件的條件》：

> 十六年六月一日以前，嘉木樣活佛回拉卜楞寺；西寧鎮駐拉卜

〔註37〕 《嘉木樣及西南番各頭目代表向部院總長的哭陳書》，丹曲、謝建華：《甘肅藏族史》，北京：民族出版社，2003 年，第 439～442 頁。

〔註38〕 《解決拉卜楞案陸洪濤給導河鎮守使裴建準的電》，丹曲、謝建華：《甘肅藏族史》，北京：民族出版社，2003 年，第 443 頁。

〔註39〕 《甘邊藏族向甘肅軍務督辦馮玉祥將軍的乞訴書》，丹曲、謝建華：《甘肅藏族史》，北京：民族出版社，2003 年，第 448 頁。

〔註40〕 《甘邊藏民向馮玉祥、劉郁芬的請願書》，丹曲、謝建華：《甘肅藏族史》，北京：民族出版社，2003 年，第 450～451 頁。

楞隊伍於十六年三月一日以前，留駐步兵一連（官兵五十員），增駐
保安隊一對（官兵一百員名）；拉卜楞地方設立設置局，惟設置局局
長之權限，絕對不妨害佛權，設置局局長兼軍法官，由省政府委任
之，負有維持該地駐軍軍紀風紀之責，設置局局長有監察該地稅收
之權，設置局之隸屬與縣同，設置局之管轄區域，由局長到任三月，
考察地面情形，專案呈請省政府規定；設置局及保安隊所有經費，
暫由財政廳籌給，待設置局成立後，該局及保安隊經費即由當地收
入項下坐支。〔註41〕

1927 年 2 月，拉卜楞設置局正式成立，張丁陽任局長，寧海軍撤出拉卜楞，
1928 年 3 月，拉卜楞設置局升格為夏河縣政府，但由於宗教因素影響，縣政
府影響所及出了縣治之外，仍然需要拉卜楞寺的幫助。

　　從阿拉善事變到拉卜楞設置局設立，直至最後夏河縣政府的成立，反應
了此一階段民國政府西北民族政策的演變軌跡：

　　首先，繼承了民國初期之民族政策之基本理念，推行民族平等政策、落
實宗教信仰自由思想。在國民軍治下之西北，無論是從思想上還是從政治上，
都對西北民族地區帶來了極大的衝擊，使得民國政府之平等、自由民族政策
得到了進一步之貫徹。

　　其次，在沿襲傳統政治體制，維護邊防安全的同時，有計劃有步驟地對
舊有體制進行改革，運用政治、軍事手段為後援，改變舊有的札薩克制度和
政教合一體制，並嘗試進行現代政治體制之建設。

　　最後，由於第一階段中央政治之變故，北京政府垮臺，國民軍之政治地
位在隨之而來的中原爭奪戰中陷入了窘境，使得其民族政策之權威性、連續
性、可行性均受到了來自中央和地方的挑戰，隨著軍事鬥爭的動盪，其西北
民族政策亦隨之陷入到動盪之中。

〔註41〕　《解決拉卜楞案件劉郁芬給黃位中的電報》，丹曲、謝建華：《甘肅藏族史》，
　　　　　北京：民族出版社，2003 年，第 452～453 頁。

第六章　民國政府西北民族政策
（1928～1931）

　　1927 年 4 月 12 日，蔣介石發動「四‧一二」政變，4 月 18 日，南京國民政府正式成立。7 月 15 日，汪精衛在武漢表示願意與南京國民政府「和平統一」，促成了國民政府寧漢合流。1928 年 6 月 15 日，南京國民政府佔領平津，宣告完成統一大業，12 月 31 日，張學良在奉天宣佈東北易幟，南京國民政府新式上完成了中國的統一。

　　而此時的西北卻陷入動盪之中。首先是 1928 年至 1929 年的「馬仲英事件」，波及甘寧青廣大地區；1928 年 9 月 5 日，中央政治會議第 153 號會議審議通過，10 月 19 日，國民政府發佈甘寧青分省令，劃甘肅省寧夏道屬各縣與阿拉善、額濟納兩蒙旗爲寧夏省；〔註 1〕將甘肅舊西寧道屬各縣劃歸青海。〔註 2〕根據國民政府第 170 號訓令和《甘肅寧夏青海三省劃界實施辦法草案》，1928 年 9 月 5 日，中央政治會議第 153 次會議決議，正式成立青海省政府；1929 年元月 1 日，寧夏省政府正式成立。1930 年 10 月 15 日，中原大戰結束，馮玉祥宣佈下野，國民政府力量開始進入西北。1931 年 8 月 7 日，南京政府改組甘肅省政府，任命馬鴻賓爲甘肅省政府主席，同年 8 月 25 日「雷馬事變」發生，直至 1932 年 5 月邵力子主甘以後，甘寧青政局才步入正常。

　　與甘寧青動盪相呼應的是 1928 年 7 月 7 日，新疆發生了「七七政變」，

〔註 1〕《國民政府公報》，1928 年 10 月 27 日，第 2 號。
〔註 2〕《申報》，1928 年 10 月 6 日。

標誌著楊增新時代的結束。國民政府意欲藉此控制新疆，但囿於國內政治局勢的變化，一時間難以西顧，不得不於 1931 年 6 月 6 日宣佈委任金樹仁爲新疆邊防督辦。

第一節　問題所在

一、政治問題

　　國民軍入甘，對於西北民族關係的影響，在前一章中業已述及。但其對於西北的影響還遠不止此。國民軍入甘後，先後消滅了李長清、孔繁錦等漢族軍閥，打破了甘肅回漢軍閥平衡的局面。在緊接著對回族軍閥的處理過程中，發生了馬仲英河湟事變，再加上中原大戰的爆發，使得國民軍一時間難以東西兼顧，不得不在對待回族軍閥的問題上有所緩和。後來隨著東部戰線的吃緊，國民軍源源東下，使得西北地區的政治格局發生了根本性的變化。

　　1928 年 9 月 5 日，青海省政府成立，孫連仲爲省政府主席，馬麒爲省政府委員。國民軍雖然名義上掌控了青海，但實際上青海省務，還得多方依靠諸馬支持。寧海軍雖爲國民軍改編爲第二集團軍第七方面軍二十六師，但實際上從師長到旅團級軍官還是青馬的基幹力量。1929 年 8 月，國民軍東調孫連仲爲代理甘肅省政府主席，青海省政府主席爲馬麒代理。1930 年 3 月，國民軍委馬麟爲甘肅保安總司令，馬麟趁機派部馬爲良駐軍河州，又派所部馬訓佔領涼州。1931 年，馬步芳驅逐佔據甘州、肅州的馬仲英部，亦借機佔領了河西地區。

　　1929 年 1 月 1 日，寧夏省政府成立，門致中任省政府主席。1929 年 7 月24 日，由於官兵嘩變，門致中被迫辭去省政府主席一職，由吉鴻昌接任。10月中旬，西北軍總部命令吉鴻昌率第十軍全部東下參加中原大戰，吉遂以民政廳長馬福壽爲代理省主席。11 月 9 日，西北軍總部電令馬鴻賓赴寧兼代理省政府主席。1930 年 10 月，蔣介石任命馬鴻逵爲寧夏省政府主席。1931 年 1月 15 日，蔣介石任命馬鴻賓爲代理甘肅省政府主席，馬鴻賓於同日自寧夏出發，奔赴蘭州就任。自此國民軍離開後西北政治局勢方呈現明朗之態。

　　民國政府成立之初，就西北之政局一直採取制衡基礎上的抑制方針，在各民族相互制衡中，求得地方的穩定。當其政權鞏固，國內政局穩定之時，

多對地方民族勢力進行限制，到國民軍統治時期，這一政策達到了極致。但是囿於國內政局的變化，國民軍最終不得不撤出西北地區，這就為西北地區諸馬軍閥的發展造成了有利時機。諸馬軍閥亦抓住此時機，對內鞏固軍閥統治，對外採取靈活的方針，在時局多變的南北政府交替過程中為自己贏得了主動。但是由於「馬仲英事變」對西北民族關係的影響並非短期之內所能消除，國民政府亦只是在力所不及情形之下，對西北諸馬採取短期的羈縻籠絡，以圖後期進一步經營。所以這些都未能在根本上解決西北地區原本存在並一度惡化的民族問題。

二、體制問題

關於民族地區政治體制問題，1913 年 11 月 1 日，《中華民國憲法案》中對於地方制度中規定蒙古西藏青海及其他未設省之區域之設置或區劃以法律定之。1923 年 10 月 10 日的《中華民國憲法》在地方制度第 124 條中規定：地方劃分為省縣兩級。同時在第 135 條中對於西北地區規定：內外蒙古西藏青海因地方人民之公意得劃分為省縣兩級，適用本章各規定。但未設省縣以前其行政制度以法律定之。究竟怎樣定制，1925 年 3 月 8 日，《中華民國憲法案》中關於蒙藏條規定：

第一一八條　內蒙古各旗於其關係各省區制定憲法時依本憲法第一百十二條（省區制定之憲法須經其下級地方自治團體議決或全省區選民投票。省區憲法之起草議決及關於審議總投票各程序省區自定之）、第一百十四條（省區未設縣之地方得以其固有之名稱及區域准用縣自治制度）之規定有與縣同等參與權。

第一一九條　內蒙古各旗於其關係各省區之議會有與縣同等選出議員之權。

第一二○條　青海與甘肅之關係准用第一百十八條、第一百十九條之規定。

第一二六條　內外蒙古各旗札薩克或沿用承襲制或用選舉制，各依其憲法定之。如用選舉制時，其被選之札薩克仍須經地方行政首長呈請大總統任命。

第一二七條　內外蒙古前後藏及回部原有爵號概仍其舊。

1930 年 10 月 27 日，《中華民國約法草案》規定：

第一六二條　外蒙古西藏等未設省之地方，其制度應參照其宗教風俗習
　　　　　　慣另以法律定之。

第一七九條　內蒙古依設省未設縣市之地方其自治之進行得參照縣製辦
　　　　　　理之。

1931 年 5 月 12 日，《中華民國訓政時期約法》關於地方制度第 80 條中規定：蒙古西藏未設省之地方，其制度得就地方情形另以法律定之。

1924 年 4 月 12 日，孫中山提出《國民政府建國大綱》，在民族問題上明確提出，對於國內之弱小民族，政府當扶植之，使之能自決自治。縣為自治單位，省立於中央與縣之間，以收聯絡之效。〔註3〕北京政府之時，在《蒙古待遇條例》中明確提出各蒙古王公原有之管轄治理權一律照舊，其在本旗所享有之特權亦准照舊無異。1929 年內政部在《釐定蒙藏地方暫行法制案》中提出：理藩院則例與蒙蕃條例與現制絕對牴觸者全刪，與現制相對牴觸者刪修，與現制無牴觸者暫留。〔註4〕1929 年 8 月 23 日，司法院指令「除與黨綱主義或國民政府法令牴觸者外，暫准酌用理藩院則例及番例條款」。並提出對盟旗之改革方案

1、部落改盟旗

2、蒙古改行滿洲八旗及蘇魯克制

3、旗分增益

4、特區改省

但是在 1929 年前後，西北地區的行政體制發生了改變，甘寧青三省分別設省，阿爾泰、阿拉善、額濟納分別劃歸地方省政府管理。這樣就產生了舊有的封建體制與新型的省縣體制之間的矛盾。

中國邊疆政治制度，在西北地區主要存在游牧政治制度、政教合一制度、土司制度三種類型。這些都是處在中央政權統治之下相對於內地府縣制度享有一定獨立性的政治結構，在這種體制之下，他們世襲罔替，世官其土，

〔註 3〕孫科：《三民主義新中國》，北京：商務印書館，1946 年，第 127～129 頁。

〔註 4〕《釐定蒙藏地方暫行法制案》，馬大正：《民國邊政史料彙編》，北京：國家圖書館出版社，第 20 冊，2009 年，第 1030 頁。

世有其民，對所屬人民有生殺予奪的權力，「主僕之分，百世不移」。〔註5〕掌握著所轄地區的政治、經濟、軍事大權，同時對中央政權負擔一定的責任和義務。作爲地方一級獨立政權，他們對於維護邊疆地區的穩定，特別是西北國防的安全有著舉足輕重的地位；但同時亦存在著中央與地方之間的權利之爭。

民國肇始，爲了緩和清朝滅亡後遺留的民族問題，對於只要擁護共和的少數民族上層人士「無論已否賜有名號，應一律再加封號，以示優榮」。〔註6〕雖然早在民國元年，馬安良曾建議甘肅「改土歸流」，但遭到各土司「密修兵備，預備抵禦」，甘督趙惟熙也「亦恐激變，不果行」。〔註7〕到了1926年，西寧縣農會會長蔡有淵等上書甘肅省政府，請求廢除土司制度，甘肅省政府當即令西寧區行政長官林競等「查明此案」，林競等查明合議後建議「選員紳指導土民不再受土司之重疊壓迫，以爲自動請求改土歸流之計劃」。但是這一溫和的方案也遭到了土司們的強烈反對，爲了維持其封建特權政治，他們屢次向青海省政府請求「注銷前案」。〔註8〕南京政府成立之初，內外蒙古及新疆地區共分247旗，外蒙109旗，內蒙1盟53旗，青海2盟29旗，呼倫貝爾17旗，察哈爾12旗，新疆土爾扈特13旗，阿爾泰10旗及不屬何盟之旗4。爲了維護舊有制度，1928年12月，這些盟旗代表呈准中央：

1、請將蒙古各旗札薩克府一律改稱旗政府，仍以札薩克協理及管旗章京組織之。

2、請在各盟長公署所在地設一參議會，並將各盟長公署一律改稱盟政府，仍用盟長制。〔註9〕

因此怎樣理順西北民族地區傳統政治體制與現行政治體制之間的矛盾，在1929年前後，已經成爲中央政府不得不解決的問題。

〔註5〕王粵麟：乾隆《普安州志》，卷14，貴陽：貴州人民出版社，2006年。

〔註6〕王得勝：《北洋軍閥對蒙政策幾個問題的初析》，《內蒙古近代史論叢》，第3輯，呼和浩特：內蒙古人民出版社，1987年，第35頁。

〔註7〕陽秋：《甘亂雜誌》，東京：同文社印行，1916年，第25～26頁。

〔註8〕青海省志編纂委員會：《青海歷史紀要》，西寧：青海人民出版社，1987年，第330頁。

〔註9〕《呈爲根據蒙古公意條陳革新盟旗制各項辦法伏乞鑒核照准以資推行三民主義政治而防帝國主義侵入事》，馬大正：《民國邊政史料彙編》，第8冊，第182頁。

第二節　政策提出

一、政策之制定

（一）國民政府及國民黨之政策

1924 年 1 月 20 日，國民黨第一次全國代表大會在民族主義中提出：

> 國民黨之民族主義，有兩方面之含義：一則中國民族自求解
> 放；二則中國境內各民族一律平等。承認中國以內各民族之自決權，
> 於反對帝國主義及軍閥之革命獲得勝利以後，當組織自由統一的（各
> 民族自由聯合的）中華民國。〔註10〕

中國國民黨第三次全國代表大會對於政治之決議案中規定：

> 本黨鄭重聲明：吾人今後必力矯滿清、軍閥兩時代愚弄蒙古西
> 藏及漠視新疆人民利益之惡政，誠心扶植各民族經濟政治教育之發
> 達，務期同進於文明進步之域，造成自由統一的中華民國，本黨之
> 三民主義，於民族主義上，乃漢滿蒙回藏人民密切的團結，成一強
> 固有力的國族。

國民黨三屆二中全會關於蒙藏之決議案有云：

> 軍事、外交及國家行政必須統一於中央，以整個國家的力量，
> 謀求蒙藏民族之解放。

國民黨第三次全國代表大會對於政治之決議案中有：

> 於民權主義上，乃求增進國內諸民族自治之能力與幸福，使人
> 民能行駛直接民權，參與國家之政治。

國民政府成立後，蒙藏委員會委員格桑澤仁提請中央政府廢除以前之蠻夷稱
謂，禁止在公文中濫用蠻夷等詞。〔註11〕國民政府於 1929 年 10 月 5 日發佈
訓令，明令禁止以番夷稱謂稱呼少數民族。〔註12〕

〔註10〕榮孟源：《中國國民黨歷次代表大會及中央全會資料》，北京：光明日報出版
　　　　社，1985 年，第 15～17 頁
〔註11〕《呈行政院為本會委員格桑澤仁提議由會轉呈中央廢除以前之蠻夷等名稱經
　　　　會通過呈請鑒核以正稱謂由》，馬大正：《民國邊政史料彙編》，第 9 冊，第 86
　　　　頁。
〔註12〕《禁止以番蠻等稱謂加諸西藏民族》，馬大正：《民國邊政史料彙編》，第 20
　　　　冊，北京：國家圖書館，2009 年，第 1054 頁。

（二）關於蒙藏之政策

1929 年 6 月 17 日，國民黨第三屆二中全會通過《關於蒙藏之決議案》，通過下則決議：

> 舉行蒙藏會議，討論關於推行訓政及蒙藏地方之一切改革事宜。派員宣慰蒙藏，宣達中央扶植民族之政策與決心，慰問並調查蒙藏人民之疾苦。於首都設立蒙藏學校，選送優秀青年應試入學，優待蒙藏新疆西康等地學生。加緊對蒙藏之宣傳，闡明蒙藏民族為整個中華民族之一部分，並闡明三民主義為蒙藏民族唯一救星，防止帝國主義侵略陰謀之惡毒及第三國際曲解民族自決之煽動宣傳。發展蒙藏地區實業，軍事、外交及國家行政統一於中央，督促蒙藏人民積極培養自治之能力。〔註13〕

1929 年 7 月蒙藏委員會在《蒙藏委員會施政綱領》中就蒙藏地區施行事宜規定如下：

規定行政系統：革新蒙藏舊行政制度，改革各盟公署旗札薩克府及土司。

促成全民政治：廢除奴隸制度，規定王公待遇，獎勵自動取消封號之王公，漸次廢除封建式的世襲制度，設立人民參政機關，訓練蒙藏自治行政佐治人才，實施全民政治。

興辦教育：規定留學內地及出洋學生之優待辦法，編譯各種蒙藏書籍及宣傳品，創辦各級學校及職業學校，實行普及平民教育，屬行識字運動，改善禮俗。

保護宗教：優待宗教首領，保護喇嘛廟產。

另外還就擴充公安設備、調查外交情事、整理財政、發展交通、整理司法事務、振興實業等方面做出了詳細的陳述。〔註14〕

1930 年 3 月 25 日，蒙藏委員會公佈《蒙藏委員會派駐各地專員條例》：

> 在科布多、西寧、阿爾泰、塔城伊犁、拉薩等地派駐專員，宣達中央政情事項，查報蒙藏情形籌辦臺站教育以及其他特交事項。
> 〔註15〕

〔註13〕《關於蒙藏之決議案》，第二歷史檔案館：《國民黨政府政治制度檔案史料選編》（下冊），合肥：安徽教育出版社，1994 年，第 409～411 頁。

〔註14〕《蒙藏委員會施政綱領》，第二歷史檔案館：《國民黨政府政治制度檔案史料選編》（下冊），合肥：安徽教育出版社，1994 年，第 411～412 頁。

〔註15〕《蒙藏委員會派駐各地專員條例》，第二歷史檔案館《國民黨政府政治制度檔

1931 年 10 月 12 日，國民政府公佈《蒙古盟部旗組織法》，對蒙古盟旗作出如下規定：

> 蒙古各盟、部、旗，以其現有之區域爲區域。但於必要時，得以法律變更之。各盟及特別旗遇有關涉省之事件，應承省政府辦理。直隸於現在所屬之盟，遇有關涉縣之事件，應與縣政府會商辦理。省縣遇有關涉盟、旗之事件，應與盟旗官署妥商辦理。地方之軍事外交及其他國家行政，均統一於國民政府。〔註16〕

二、體制之完善

（一）中央管理西北少數民族機構的形成

北京政府時期，除了在中央設立蒙藏院以管理全國少數民族事務，還先後設立了西北籌邊使、蒙藏經略使、西北邊防督辦等機構處理西北地區政務及民族事宜。1928 年 6 月，北京政府敗亡，蒙藏院亦隨之取消。爲了處理全國少數民族事務，國民政府中央政治會議第 133 次會議通過《國民政府蒙藏委員會組織法》，規定國民政府蒙藏委員會直隸於國民政府並掌管蒙藏行政事宜和有關蒙藏之各種興革事項。蒙藏委員會由國民政府任命委員五或七人組織之，並指定一人爲主席，每兩星期開會一次。下設秘書處掌理文書、會計事務，蒙事處掌理關於蒙古事務，藏事處掌理關於西藏事務。〔註 17〕其下設機構有蒙事處、藏事處、蒙藏教育委員會、編譯室、調查室。直屬機關有駐北平辦事處、駐印通訊處、蒙藏招待所、蒙藏學校、蒙藏訓練班、蒙藏旬報社以及張家口臺站、殺虎口臺站、古北口臺站喜峰口臺站管理局。其在各地的辦事處主要有班禪額爾德尼駐京辦事處、駐平辦事處、章嘉呼圖克圖駐京辦事處、諾那呼圖克圖駐京辦事處、青海七呼圖克圖聯合駐京辦事處以及北平喇嘛事務所、北平喇嘛寺廟整理委員會等機構。〔註 18〕

蒙藏委員會的主要職能，管理蒙藏地區政治、行政、黨務、民族、宗教、

案史料選編》（下冊），合肥：安徽教育出版社，1994 年，第 413 頁。

〔註16〕《蒙古盟部旗組織法》，第二歷史檔案館：《國民黨政府政治制度檔案史料選編》（下冊），合肥：安徽教育出版社，1994 年，第 425 頁。

〔註17〕《國民政府蒙藏委員會組織法》，第二歷史檔案館：《中華民國史檔案資料彙編第五輯第一編政治（五）》，南京：江蘇古籍出版社，1991 年，第 1～2 頁。

〔註18〕黃奮生：《蒙藏新志》，北京：中華書局，1938 年，第 224～233 頁。

宣傳、教育、邊防、民事訴訟、聯絡、接待等事務。並制定對蒙藏宗教的方針、政策、立法、規則、條例；聯絡宗教領袖人物，管理對宗教上層人物的晉升、冊封、轉世、任用等事務；管理蒙藏宗教的整理、監督、登記、度牒、錢糧、教育、糾紛等事務；管理各呼圖克圖駐京、駐平辦事處，管理蒙藏宗教領袖人物和上層人物的接待事務；調查研究蒙藏宗教情況，提出工作計劃和安排。〔註19〕

蒙藏委員會成立後先後制定了一系則的政策法規：1929 年 4 月 16 日《蒙藏委員會整理蒙古臺站暫行條例》，1929 年 7 月《蒙藏委員會施政綱要》，1929 年 8 月 16 日《蒙藏委員會臺站管理局辦事細則》，1930 年 3 月 25 日《蒙藏委員會派駐各地專員條例》，1930 年 7 月《蒙藏學生就學中央大學蒙藏班辦法》，1930 年 9 月 30 日《國立南京蒙藏學校組織大綱》，1930 年 10 月《中央政治學校附設西康學生訓練班組織規則》、《中央政治學校附設蒙藏班組織規則》等。

（二）西北地方少數民族地區政治機構的完善

1913 年 9 月 12 日，寧夏鎮總兵改爲寧夏護軍使，駐阿拉善旗定遠營，阿拉善軍務受其節制。1914 年 8 月 1 日中華民國政府令阿拉善旗行政事務由寧夏處理，軍事防務歸寧夏護軍使節制。1921 年 7 月 1 日，改寧夏護軍使爲鎮守使，節制阿拉善軍務。1929 年 1 月 1 日，寧夏省成立，阿拉善旗、額濟納旗劃歸寧夏省政府管轄。

拉卜楞寺於 1926 年始置設治局，1928 年改設夏河縣，縣治在寺院東里許，規模僅及一普通市鎮。甘肅省財政廳在縣設有稅局，鹽務分局，縣城有完全小學兩所，一爲藏民學校。〔註20〕設置局直隸甘肅省政府，首任局長張丁陽於 6 月 2 日正式上任。管轄事務僅限於拉卜楞回漢聚居區教育、治安、衛生、郵電、稅收等事項，因在《解決拉卜楞案件的條件》中有「局長權限，絕對不妨害佛權」之條，所以，對於地方之影響微乎其微。1928 年 1 月 30 日，經甘肅省政府省務會議議決，拉卜楞設置局改爲夏河縣，同年 9 月 5 日，經國民黨中央政治會議議決，將拉卜楞升格爲夏河縣。

夏河縣政府成立以後，由於歷史和宗教的影響，縣府政令不出拉卜楞回

〔註19〕黃奮生：《蒙藏新志》，北京：中華書局，1938 年，第 333 頁。
〔註20〕張其昀：《夏河縣志》，卷七。臺北：成文出版社，1970 年。

漢聚居區，後來才逐漸擴展到黑錯、卡加等地的回漢民族聚居區。縣政府在政令推行上更多時候還要依靠拉卜楞寺的支持。因而地方政務多半還爲政教合一體制下的拉寺所控制。雖然國民政府發佈改土歸流，權力歸諸地方的命令，但在西北民族地區，推行尚有諸多障礙。

民國前後，西寧地區建置爲 3 縣 4 廳，民國成立後改府置道，設青海辦事長官，1919 年設玉樹理事，1923 年置都蘭理事，1926 年置拉卜楞設置局，建省之初，下轄 7 縣及玉樹、都蘭二理事。1931 年 3 月改置玉樹、都蘭二縣。雖則省府方面在青海腹地設置了縣制，但是境內蒙藏各族，因其以游牧爲生，居無定所，政治上還處於部落自治狀態，實際上統治地方的仍然是舊有的王公千百戶，他們管理著這些游牧民族的民事、刑事、負差、納稅等行政司法權力。

另外在青海境內，亦有殘存的土司存在，他們還擁有一定的土地人民。在開省置縣以後，縣府逐漸收回司法、行政、納糧等權，漸次對土司職權進行削弱，最終使得這些土司名存實亡。

新疆省區行政體制問題，楊增新時曾經提出「查邊地係特別區域，設官與中土不同，中土設官爲治民，邊地設官兼守土」。〔註21〕阿山歸屬新疆後，楊增新在阿布爾津地方設一縣治，在布倫托海設一縣佐。境內蒙古部落，照前議案，直接新疆省長兼督軍管理，仍歸阿山道節制，哈漢纏回如何分管，俟委往縣知事與縣佐人員，會商查勘，再行察酌辦理。〔註22〕1930 年，南京政府在全國推行省縣兩級制，金樹仁認爲新疆「地區遼闊、交通不便、政令難以下達。若無行政長官視察監督，於行政障礙太多，且歷來以沿邊各區行政長兼任交涉以特派員名義與駐地辦理交涉事宜」。〔註23〕南京政府於 1929 年 5 月 5 日第 181 次會議通過「新疆各區行政長暫准存留」。新疆亦改爲 8 區 59 縣（一等縣 12，二等縣 14，三等縣 33）。〔註24〕因此在新疆行政體制中存在著省—區—縣—鄉約、回部札薩克盟旗、蒙古盟旗以及哈薩克等游牧民族的部落王公制，其政治體制相對於西北其他省區而言，亦較爲複雜。

〔註21〕 楊增新：《補過齋文牘》，丙集上。
〔註22〕 楊增新：《補過齋文牘》，丙集上。
〔註23〕 張大軍：《新疆風暴七十年》，第 2814 頁。
〔註24〕 新疆維吾爾自治區地方志纂委員會：《新疆通志‧民政志》，烏魯木齊：新疆人民出版社，1992 年，第 10 頁。

第三節　西北民族地區政治體制的改革及民族政策的探索

一、民國政府對西北民族地區政治體制的改革

　　南京政府成立後，於 1930 年開始在全國推行省縣制。但是在西北地區，囿於歷史傳統、民族宗教以及鞏固邊防的需要，其在西北地區的政治體制相對較為複雜。一方面設立了甘寧青新四省，省下有縣、設置局，還有與縣局同級的盟旗以及縣局下的實際存在的部落制、土司等舊有的統治機構。行政體制的不統一，有礙於中央政令的推行以及相關民族政策的實施，制約著中央政府西北地區的政治、經濟、文化教育等各個方面的發展。

　　民國成立後，在遠處西陲的邊疆民族地區，中央政府一仍清朝羈縻籠絡政策，對於那些承認共和，服從民國的王公貴族一律承認其原有特權，「無論已否賜有名號，應一律再加封號，以示優榮」〔註25〕。在政治上給予一定優待，並在一定程度上保留其原有封地與屬民。1912 年 8 月民國政府公佈《蒙古待遇條例》，規定各蒙古王公原有之管轄治理權，一律照舊。內外蒙古汗、王公、臺吉、世爵各位號，應予照舊承襲，其在本旗所享之特權，亦照舊無異。蒙古王公、世爵俸餉從優支給。但同時規定，中央認為關係地方重要事件者，得隨時交給地方行政機關參議〔註26〕。

　　國民政府對於西北民族地區傳統體制的變革，遭到了來自民族地方上層的反對。蒙古王公轉呈國民政府，請求保留原有的札薩克制度或成立札薩克旗政府盟長公署，藉以保留對於盟旗原有的管轄治理權以及王公之特權制度。〔註27〕對於蒙古王公的提議，國民政府在覆函中明確表明：

　　　　近今改省設縣以後，政府對蒙人決不稍存歧視之心，同是隸屬黨國之下，同是中國國民，允宜平等待遇，無所謂蒙人非蒙人，果如該代表團所陳辦法，擬在省治之下仍令旗縣分治，旗治蒙人，縣

〔註25〕王得勝：《北洋軍閥對蒙政策幾個問題的初析》，《內蒙古近代史論叢（第三輯）》，呼和浩特：內蒙古人民出版社，1987 年，第 35 頁。

〔註26〕程道德：《中華民國外交史資料選編（一）》，北京：北京大學出版社，1988 年，第 85～86 頁。

〔註27〕見《呈行政院為本會委員格桑澤仁提議由會轉呈中央廢除以前之蠻夷等名稱經會通過呈請鑒核以正稱謂由》，《民國邊政史料彙編》，第 9 冊，第 86 頁；《內蒙王公請保舊制》，《西陲宣化使公署月刊》，第 4～5 期，第 555 頁。

治非蒙人，殊失黨國一視同仁之至意。名爲旗縣分治，實則旗縣分裂。按現在情勢，豈得曰宜既稱現在蒙人歡迎三民主義，擁護中央威信，已與新改各省合作，自當悉照服從中央。現行辦法切實改進，不宜對省縣制度有所變更。如縣政府之外復設旗政府，省政府之下復設盟政府，是一切地方兩政府將何以治理。總之，中央期於行政統一，畛域之見務須化除。省政府之外，其勢不能再有盟政府、旗政府之設置。至於札薩克協理現管旗章京盟長副盟長之名稱，自宜一仍舊慣。〔註28〕

同樣，對於西北土司制度的變革，亦遭到來自土司們的反對。1930年青海省土司李承冀、祁昌壽、納守業、吉樹德等聯名呈報南京政府蒙藏委員會，提出：

> 邊疆形勢狀重，不宜遽撤藩籬……若不另加改編，漫言取消，則不但虎視西北之英俄帝國主義肆行無忌，即蒙藏各土司亦將有兔死狐悲之感矣。……擬請將蒙藏王公千百戶及內地各土司之制度，爲免避封建封號，另易相當名稱。所屬之兵由中央加以改編，發給精械，藉以鞏固國防。〔註29〕

對於青海土司的呈請，馬麒亦於1931年6月26日呈請蒙藏委員會：

> 民國以來，該土司等名義雖未革除，而土兵組織萬無餘存，且其土地畸零，人民無多，其中四分之三語言風俗、衣食住行較之漢人，尚爲文明。十六年縣府自治，編設區、村，土漢一體，無分畛域。而自十八年起，所有對於國家應盡義務，亦與漢、回人民一律平均負擔，均由縣政府直接徵收，一例管轄。其土司已無形消滅，而土民均不願再受其重疊壓迫深，欲永遠脫離關係。竊以土司本封建遺制，既不合於現行法令，復有違失本黨主義籌議廢除，自屬難緩。……當此訓政開始之時，此項封建制度，自應命令取消，以一事權。取消之後，所有地糧，應均歸縣政府徵收。茲爲體恤土司起見，似宜由縣政府所收該土司原有地糧內，每年酌給若干，以資贍養；並體察情形，各予以區長或村長等名義。〔註30〕

〔註28〕 《蒙藏委員會公報》，第1～7期，第182頁。

〔註29〕 《青海省土司李承冀等呈請將土司制度令易名不輕事改革文》，米海萍：《青海土族史料集》，西寧：青海人民出版社，2006年，第133～134頁。

〔註30〕 《青海省政府諮請蒙藏委員會取消青海土司呈文》，米海萍：《青海土族史料

馬麒關於裁撤青海土司的呈請經行政院第三十四次國務會議決議，准如所擬辦理。並經行政院第九次常會決議，青海省政府所請准予照辦。〔註31〕

為了緩和清朝滅亡後遺留的民族問題，對於只要擁護共和的少數民族上層人士「無論已否賜有名號，應一律再加封號，以示優榮」。〔註32〕雖然早在民國元年，馬安良曾建議甘肅改土歸流，但遭到各土司「密修兵備，預備抵禦」，甘督趙惟熙也「亦恐激變，不果行」。〔註33〕到了1926年，西寧縣農會會長蔡有淵等上書甘肅省政府，請求廢除土司制度，甘肅省政府當即令西寧區行政長官林競等「查明此案」，林競等查明合議後建議「選員紳指導土民不再受土司之重疊壓迫，以為自動請求改土歸流之計劃」。但是這一溫和的方案也遭到了土司們的強烈反對，為了維持其封建特權政治，他們屢次向青海省政府請求「注銷前案」。〔註34〕

二、對甘寧青回族力量的認識及政策

1923年5月11日，民國政府設立西北邊防督辦，由馮玉祥任督辦，馮玉祥為了向西北擴張，推薦馬福祥為西北邊防會辦，以李鍾明為綏遠都統收編馬鴻逵部為國民軍第二集團軍第七師、馬鴻賓部為第二十二師，由二人分別任師長。以此手段，馮部不但控制了寧夏綏遠，而且還把寧夏方面納入到國民軍序則之中。1926年，馮部進入甘肅，派員對青海軍隊進行點編，任命馬麒為暫編第二十六師師長、馬麟為副師長，下轄第七十六、七十七、七十八三旅，以馬步芳、馬步元、馬步青等為旅長。接著馮玉祥以西北邊防督辦公署邊事處處長林競為西寧行政區區長，撤銷馬麒甘邊寧海鎮守使兼蒙蕃宣慰使職務，改任寧海鎮守使。孫連仲部進駐西寧後，馬麒交出軍權。肅州馬璘在馬仲英事變中，部屬嘩變，隻身避險蘭州，而鎮守涼州的馬廷勷部，由於在馬仲英事變中態度模棱兩可，受到事變牽連，結果亦為國民軍所消滅。

在國民軍強大的軍事壓力之下，諸馬實力派不是為消滅，就是為收編，

　　集》，西寧：青海人民出版社，2006年，第135～137頁。
〔註31〕《行政院公報・第4418號令》，第287號。
〔註32〕王得勝：《北洋軍閥對蒙政策幾個問題的初析》，《內蒙古近代史論叢（第三輯）》，呼和浩特：內蒙古人民出版社，1987年，第35頁。
〔註33〕陽秋：《甘亂雜志》東京：同文社印行，1916年，第25～26頁。
〔註34〕青海省志編纂委員會：《青海歷史紀要》，西寧：青海人民出版社，1987年，第330頁。

被迫向國民軍輸誠。但是隨著後來中原大戰的開始，國民軍源源東調，西北地區的政治形勢亦隨之發生了變化。1929 年 4 月，高樹勳部東下，提請馬麒暫代青海省政府主席，得到馮玉祥批准。1930 年 3 月，應甘肅方面邀請，馬麟擔任甘肅全省保安部司令，派部進佔涼州，而馬步芳亦趁機佔領甘州、肅州地區。天水隴南地區此時亦爲馬廷賢部佔據。

1929 年 11 月 9 日，馬鴻賓率部赴寧，負責維持後方秩序，兼代寧夏省政府主席。1930 年 1 月，馮玉祥正式委派馬鴻賓爲寧夏省政府主席。同年 4 月，馮玉祥又令馬鴻賓代理甘肅省政府主席。

中原大戰末期，馮部敗勢業已顯露，1929 年 5 月 22 日，馬鴻逵、韓復榘等發表通電，聲明維護和平，擁護中央。1929 年 11 月，馬麒專電蔣介石表示擁戴，1930 年 1 月 6 日，國民政府正式明令發表馬麒爲青海省政府主席。

縱觀此一階段國民政府甘寧青人事之變動，其中不難發現，此時國民政府雖則中原大戰獲勝，但隨之而來的江南、東北問題使其一時難以全力西顧。因之不得不對西北地方實力派有所倚重。而當時所能夠左右甘寧青政治局勢的力量，除了諸馬軍閥之外，其他力量尚沒有這個實力。

馬仲英事變之後，西北地區民族關係受到重創。但馬麒、馬麟、馬鴻賓等諸馬軍閥卻漸次爲當局所重用，並且一度成爲甘寧青地區的最高統治者。此概與以下諸因有關：

首先，從諸馬軍閥的特點上而言，諸馬集封建性、軍閥性、民族性、宗教性及地域性與一身，使得其具有極強的生命力。因而得到地方民眾的支持和擁護，其也視地方爲桑梓，避免涸澤而漁和出現不利於自己統治的事件的發生。

其次，在影響民族關係的事情上，諸馬極力避免使自己成爲惡化民族關係的因素。在易督風潮中馬福祥激流勇退，馬仲英事件中馬麒隱居幕後，並且不惜武力鎮壓。作爲地方的統治者，諸馬軍閥都極力避免民族性、宗教性因素，把自己定位於地方民眾利益的代言人身份。

而國民政府此番任命，一則是爲形勢所迫不得已而爲之，另一方面亦有緩和西北地區惡化的民族關係，以示中央羈縻籠絡之德意。一旦形勢發生變化或者條件允許，就馬上改變其權宜之計，重新制定其西北經營的方略和政策。

第七章　民國政府西北民族政策
（1932～1936）

　　1931 年「九・一八」事變後，日本關東軍參謀部於 9 月 22 日制定了《滿蒙問題解決方案》，確定「建立以宣統帝爲元首，領土包括東北四省及蒙古，得到我國支持的新政權」。1932 年 1 月，日本陸軍省、海軍省和外務省根據關東軍高級參謀阪垣彙報，共同制定了《中國問題處理方針綱要》，確定了把東北從中國主權下分離出來成爲一個國家，由日本人參與這個國家的中央和地方的行政。1932 年 3 月 1 日，日本用「滿洲國」政府名義，發表所謂「建國宣言」，宣佈「滿洲國」成立。1935 年 5 月至 7 月間，日本方面先後發動了「河北事件」、「張北事件」，開始加緊對華北的蠶食。同年 12 月 18 日，國民政府在北平成立以宋哲元爲首的冀察政務委員會，最終完成了其所謂的「華北自治」。華北事變後，中日之間的民族矛盾成爲當時社會的主要矛盾，在這一民族矛盾的影響之下，西北地區的問題亦隨之發生了轉變。

　　1931 年 11 月，中國共產黨在江西瑞金成立了中央工農民主政府。國共之間的矛盾亦成爲當時國民政府急需解決的主要問題。在國民黨方面的軍事圍剿之下，1934 年 10 月，中共方面被迫放棄中央根據地，把戰略重心向北轉移。1935 年 10 月至 1936 年 10 月，第一方面軍和第二方面軍先後抵達陝北，完成了戰略大轉移。中國共產黨長征的完成，使得西北政治、軍事格局產生了重大變化，國民政府亦不得不對其原有的各種政策進行新的調整。1936 年 12 月 12 日，西安事變發生，抗日統一戰線成立，標誌著中國乃至西北的各種問題又進入到一個新的階段。

第一節　問題所在

　　國際國內政治局勢的變化，不僅影響著全國的政治走向，亦對西北地區的民族問題產生著深刻的影響。

一、國際因素

（一）日本對華民族政策

　　日本前駐俄大使田中都吉曾言「日本斷不以現在的蒙古情形為滿足，這是最足使吾人關心的地域」。〔註1〕1927 年坦納加備忘錄中關於日本之與蒙古乃至中國西北記載「日本國家需要一塊廣大的人口稀少的而且富於天然財富的地方。但日本向哪一個方向去發展是可能的呢？無疑的是向亞細亞大陸的北部和西部去發展」。〔註2〕1932 年「滿洲國」成立後，日本人從東三省下劃出一部分地區成立特別的蒙族人民興安省。1934 年侵入熱河後，又於熱河北部同樣劃出來置西興安省。對於蒙古地區，禁止中國人更進一步移民，保留舊有的部落盟旗制度以及王公貴族的特權，在東北成立蒙藏部，開辦蒙古師範和職業學校，並在王爺廟設立興安專科學校給蒙古首領們以軍事和政治訓練。對蒙古廟宇和宗教上層給予種種津貼，同時選拔蒙古僧侶到長春和日本進行訓練。〔註3〕

　　1934 年熱河事變後，日本參謀本部制定了政府蒙古政策：

　　將東蒙的政治形態改變，將舊有的政治組織粉碎，置於偽滿洲國體系之內。再扶植西蒙親日及親滿當局，組織自治政府形成半獨立的局面。然後將東蒙和西蒙溶成一體，實現「大元共和國」的計劃。

　　1934 年 4 月 23 日，受日本方面操縱和策劃的「蒙古地方自治政務委員會」成立。1936 年春，日本特務人員在德王協助下，潛入阿拉善地區，在定遠營架設無線電臺，開通定遠至額濟納航線。1936 年，阪垣征四郎親自到阿拉善，準備在定遠營修建大型飛機場，勸誘達理札雅同德王合作，並向阿旗贈送 10 萬銀元、10 萬槍支。〔註4〕在額濟納旗，同樣有日特郎如布等人的活動，他們

〔註 1〕《日本侵略蒙古與日俄衝突》，第七年第十九期。

〔註 2〕M・Anatsliew 著，翦伯贊譯：《日本對外蒙侵略之史的發展》，翦伯贊：《翦伯贊全集》（第 7 卷），石家莊：河北教育出版社，2008 年，第 40 頁。

〔註 3〕〔英〕瓊斯（F・C・Jones）著，胡繼瑗譯：《1931 年以後的中國東北》，北京：商務印書館，1959 年，第 53～67 頁。

〔註 4〕納・巴生，李凱等：《和碩特蒙古史》，烏魯木齊：新疆人民出版社，2004 年，

在額濟納建立飛機場，運送大批軍用物資。運用各種手段對蒙旗王公、宗教上層、地方官員進行物質收買、金錢拉攏。在日特引誘之下，圖王計劃攜眷赴日居住，日特藉口宗教事務，同時亦加緊了對寺廟喇嘛的拉攏。

九一八事變之前，日本方面就中國伊斯蘭教情況就全國回教人口、回教軍事、回教寺院與教派、回教特殊問題等方面做過詳盡調查。1923 年，日本浪人佐元貞堅發表文章，鼓吹「以倡導回民應取得政權爲前提，以權利爲急務，以政府爲攻擊之目標」。〔註5〕九一八事變後，1934 年 2 月 17 日，日本在東北成立「新京伊斯蘭教協會」，1934 年 7 月 3 日，又成立「滿洲伊斯蘭教協會」，1936 年 11 月，改稱「滿洲回教協會」，派遣年輕之回教青年赴東京及土耳其留學，爲其將來之回教政策做準備工作。後來，又成立了所謂以「發揚回教文化，提高民族地位，開發西北，興教滅共，長期促進東亞共榮圈及世界回教民族共同攜手」的「西北回教總會聯合會」，並提出協會「須一回教有力軍事領袖始可擔任」，對西北諸馬進行拉攏。

在新疆方面，日本一直沒有放棄努力。據日方某高級官吏對美聯社記者稱，中國新疆回族人民及宗教糾紛，不久將有分裂之勢，日方現極力探索內幕眞相……如果新省形成分裂，則日在內蒙利益將不無受其影響之危險，故不得不予以深切之主意。〔註6〕1933 年 9 月，日方派遣陸軍武官鈴木美通中將和佐方繁木等試圖進入新疆，支持和田稱王的穆罕穆德·伊敏。同時豢養土耳其末代皇帝之弟阿卜杜·穆哈伊提阿比提，準備扶植其爲新疆未來「東突厥斯坦」國王，1935 年 6 月，日本駐阿富汗公使北田正本介紹南疆阿合買提·謝里夫訪問日本，馬仲英進疆之時，日方又派遣特務大西鍾（後化名於華亭）隨軍而行。後來麻木提南疆叛亂失敗，日方支持其在東京成立「東突厥斯坦獨立促進會」，在經濟上給予種種優待。爲了進一步分裂中國，日本提出「回回國」計劃，日本興亞院蒙疆聯絡部長官及前駐華大使館武官酒井主張：自南疆塔里木河流域，直至祁連山以北，安、敦、玉三屬，甘涼、甘肅夾谷一帶，迤東之大夏河流域，經蘭州之西，北延一條山，直達賀蘭山之東，包括河套全部及五原、臨河、綏西一帶爲未來回回國之區域。而關東軍之幹部派

　　第 400 頁。

〔註 5〕楊敬之：《日本回教之政策》，李興華、馮今源：《中國伊斯蘭教史參考資料選編》（1911～1949）下冊，銀川：寧夏人民出版社，1985 年，第 1778 頁。

〔註 6〕《美聯社東京十六日電》，《民國邊事研究文獻彙編》，第 2 冊，北京：全國圖書館文獻縮微複製中心，2007 年，第 154 頁。

則主張以現在之寧夏及綏西一帶為之區域，先行成立，然後逐次擴展，必要時給予寧夏以徹底打擊，使其不能自存。〔註7〕

（二）英蘇對中國新疆之爭奪及其演變

英俄對於中國新疆之爭奪由來已久，雖則楊增新運用其統治技巧，化各種矛盾與無形，但是英俄對新疆之策略所致弊端在其離去之後立刻顯現。英俄在新疆發展了大量所謂的僑民，此等僑民冒充英俄國籍，欺負下層民眾，並且充當了英俄分裂中國政策的急先鋒，對新疆社會造成了極大影響。從三十年代開始，英國在印度北部的吉爾吉特設置了軍事機構，以便煽動印度、阿富汗之伊斯蘭教徒叛亂，策劃南疆獨立，然後把南疆和印度、阿富汗、伊朗等國聯合起來，建立大伊斯蘭教國，首都吉爾吉特。〔註8〕英國利用其在南疆的僑民及其代理人，大肆鼓吹「大土耳其主義」和「大伊斯蘭主義」，極力拉攏當地宗教上層，給予 51 萬盧比的活動經費，1 萬支來福槍和 200 名士兵援助。

在所謂的「南疆獨立」中，「英國駐喀什領事的外交官員參加了『共和國』的慶祝大會」，〔註9〕1933 年 11 月，英國駐喀什第三任領事湯姆森・格羅弗向其上司建議向新成立的所謂『共和國』表示實際的同情和提供援助。〔註10〕

雖然英國一直把新疆「土耳其斯坦國」作為戰略目標，以之與蘇俄對抗。但是其另一方面又擔心新疆伊斯蘭教權國家的出現，會在英屬穆斯林地區產生影響，而其對於新興的南疆獨立運動還是十分感興趣的。1934 年 2 月至 6 月間，南疆獨立勢力先後為馬仲英部消滅。英國又轉而與馬仲英聯繫，以圖支持馬部與蘇俄抗衡。馬仲英赴蘇以後，英國方面轉而拉攏馬虎山，在南疆發動叛亂。

其次，蘇俄民族政策對新疆的影響，隨著雙方經濟、政治交往的緊密日益體現。「四・一二政變」之後，金樹仁逃至塔城，蘇方向金表示願意幫助其平定反叛，但為金樹仁所拒絕。蘇方轉而把目光盯向新疆內部，極力尋求蘇方利益之代言人。盛世才在勢窮之際向蘇求援，對蘇方而言正求之不得，

〔註 7〕楊敬之：《日本回教政策之全貌》，《回教青年月刊》第 4 卷第 10～11 期（1942 年 9 月 1 日），第 8～12 頁。

〔註 8〕《東方真理報》，第 200 號，1933 年 8 月 20 日。

〔註 9〕賽福鼎：《賽福鼎回憶錄》，北京：華夏出版社，1993 年，第 157 頁。

〔註 10〕〔英〕福布斯：《新疆軍閥與穆斯林》，新疆社會科學院：《「雙泛」研究譯叢》，第一輯，第 58 頁。

因之蘇軍進入伊犁，漸次消滅張培元，後又驅逐馬仲英勢力至南疆一隅，幫助盛世才擊敗對手。

盛世才執政之後，轉而依靠蘇方與國民政府相抗衡，加緊了與蘇方經濟、政治、軍事方面的合作，使得新疆實際上變成了蘇聯的「衛星國」。盛世才上臺之後，迎合蘇聯的意思，著手對於傳統的社會生活方式實行改革，並且承認了新疆境內各民族或種族集團的身份和利益。〔註11〕對此，日本方面亦認識到，在蘇方影響之下，將來「新疆回教徒之問題，此中固含有英俄之外交關係，而最重要之原因，有謂爲在彼等之民族自覺者」。〔註12〕

二、國內問題

（一）蒙古問題

孫中山建國大綱曾言「對於國內之弱小民族，政府當扶植之，使之能自決自治」。1930 年 6 月，內蒙各盟、部、旗之札薩克王公等在百靈廟舉行會議請求中央准予自治。外蒙獨立，廢除王公制度，「九‧一八事變」後，日本圖蒙古日急。同時大量的移民放墾蒙荒，導致蒙民生計日蹙。會後向中央提請《自治政府大綱》，同年 10 月，日本關東軍派遣松室孝良至多倫召開所謂「蒙古王公大會」，德王亦派代表前往，值此，蒙古形勢日趨危機。

（二）新疆問題

金樹仁統治時期，一味的擴張武力，迷信「三句好話，不如一馬鞭子」，因而民族矛盾較楊增新時期更爲突出。加之金樹仁任人惟親，上臺以後新疆的政治、經濟反較楊增新時期更糟，這造成了許多少數民族上層人士對金政權的諸多牴觸。1931 年哈密事變，迪化守軍東進，省城守備空虛。金樹仁爲了防止多活佛趁機興難，於是設計將其騙到迪化，然後將其槍殺。〔註13〕

1928 年金樹仁上臺後，阿山地區的張鳴遠和沙裏福汗等哈薩克首領起草

〔註11〕 伯斯：《論中蘇關係》，中國科學院近代史研究所資料編譯組：《外國資産階級是怎樣看待中國歷史的》，北京：商務印書館，1961 年，第 240～241 頁。

〔註12〕 〔日〕大久保幸著，王慕寧譯：《由民族關係觀察之新疆》，《民國邊事研究文獻彙編》，第 4 冊，北京：全國圖書館文獻縮微複製中心，2007 年，第 758 頁。

〔註13〕 通寶：《滿漢王和多活佛》，《新疆文史資料選輯》，第 2 輯，烏魯木齊：新疆人民出版社，1979 年，第 109 頁。

了阿山各族人民書，以阿山民眾的名義要求直屬中央。金樹仁得知消息後，立即派軍進入阿山調換魏振國為阿山行政長，罷免沙裏福汗縣長職位，調往省城充任省府顧問。

　　早在楊增新時期，哈密民眾就曾因不堪王府重壓，在 1912 年發生了鐵木爾農民起義，但是在楊增新和王府的雙重壓力下最終歸於失敗。金樹仁上臺初期，哈密老回王去世，新回王聶茲耳難孚眾望，民眾終於不堪王府重負，重又提及改土歸流。這其中固有許多因素使然，但不可否認的是人民的願望及動機是良好的。然而在實際操作過程中卻出現了與政府和民眾雙方願望都大相徑庭的結果。究其原因，根源還是在於吏治的腐敗。新置的伊吾、伊禾、三縣知事為了自己能夠早日臨事，便置廣大民眾疾苦和緩徵賦稅的呼聲於不顧；再加上在安置甘肅難民的問題上處置失當，對於回王在宗教上和民族地區一般民眾的影響失於妥善考慮，對於在改土歸流中所觸及的中上層民族宗教人物安置欠妥，民眾對於地方駐軍的欺壓也是積怨已久，使得當時的局勢已經是處於千鈞一髮之際。而恰當其時的小堡事件，無異於點燃全疆的一根導火線，於是乎整個問題及矛盾便在交雜之中一齊爆發出來。

　　「四・一二」政變以後，盛世才原本打算取得南京方面的大力支持。但是在真除新疆邊防督辦問題上，遲遲得不到中央的答覆，相反在新疆問題上與國民政府方面產生了難以調和的矛盾。在內無援軍，外有勁敵的情形之下，盛世才當時的唯一出路也只有尋找蘇聯的幫助。而對於蘇聯來說，一個政治穩定的新疆也符合其中亞安全的利益。因而，早在金樹仁敗退塔城時，蘇聯總領事就向金樹仁表示願意協助金樹仁平定叛亂，但遭到了金樹仁的拒絕。所以當盛世才向蘇方提出幫助時，蘇聯就在軍事、經濟、人才等各個方面給予盛世才以極大的援助。並逐漸控制了新疆的政治、經濟、軍事。為了維護自己的統治，因而盛世才也不得不採取親蘇的措施。大批的聯共布黨員進入新疆，先後成為各個重要部門的骨幹力量。在這些人的幫助之下，1934 年 4 月 12 日，盛世才發表「八大宣言」，實施：民族平等、信教自由、農村經濟、整理財政、澄清吏治、擴充教育、推行自治、改良司法八項措施。通過盛世才的「八大宣言」，我們明顯的看到蘇聯的影子，而不是三民主義的影響。雖則在盛世才的「八大宣言」中已經包含了親蘇的傾向，但蘇聯駐迪化總領事阿布則索夫對盛的八大政策很不滿意，他認為「既未提出明顯的政治路線，

更未舉起反帝親蘇的大旗」。〔註14〕到了 1935 年 4 月 12 日，盛世才又拋出了一個「九項任務」：徹底厲行清廉，發展經濟和提高文化，避免戰爭維護和平，全省動員努力春耕，便利交通，保持新疆永久為中國領土，反帝反法西斯和永久維持中蘇親善政策，建設新新疆，絕對保護各族王公、阿訇、喇嘛等的地位和權利。直到 1936 年，作為盛世才治理新疆的完整綱領和基本路線才最終形成，這就是盛世才後來對外宣稱的「六大政策」：反帝，親蘇，民族平等，清廉，和平，建設。六大政策的制定在一定程度上符合了新疆當時的需要，新疆執行六大政策以來取得了「各項事業較以前進步」〔註15〕的效果。

親蘇是盛世才最重要的外交政策，也是盛世才治理新疆的重要政策之一。為了維護和鞏固政權，盛世才不僅在軍事上依靠蘇聯，在人才和物資等方面更需要蘇聯的援助。而蘇聯為了自身利益考慮，也樂意援助盛世才。所以阿布索則夫表示「蘇聯與新疆接壤千里，有共同之利害關係，所以蘇聯極希望新省和平」。〔註16〕首先在人才方面，蘇方向新疆地方政府先後派遣了政治、財政顧問和技術專家及工作人員多達 300 多名，從 1934 年起，又派遣一大批在蘇聯的中國籍聯共布黨員，這批人先後充實到督署和地方的各級行政部門之中。其次，在經濟上，聘用蘇聯顧問、專家及各類技術人員，幫助制定計劃和實施管理等，並同時向蘇聯提出了 750 萬金盧布貸款。再次，在軍事方面，督辦公署聘請蘇聯軍事顧問和教官，對新疆軍隊進行軍事教育和訓練，開辦各種軍事幹部訓練班和各類軍事學校。最後在文化教育方面，先後選送三批各族學生赴蘇聯塔什干、阿拉木圖、撒馬爾罕、安集延等地官費留學。

經濟方面。盛世才執政之初，金樹仁留給他的是：北疆農村 90%成為廢墟，南疆 50%的農村化為焦土，危機四伏，戰亂仍頻。經濟蕭條，人民破產。為此，盛世才上臺之後，經濟建設與恢復就成為首要問題。首先需要解決的是農村問題。1935 年在蘇聯專家顧問的指導之下，新疆制定了三年計劃，在全疆進行「農業救濟」和「全省總動員努力春耕」，同時在廣大牧區展開畜種改良，在農區興修水利，使得農牧業逐步恢復到 1930 年以前的水平。

〔註14〕 張大軍：《新疆風暴七十年》，臺北：蘭溪出版社，1980 年，第 3483 頁。
〔註15〕 《中國國民黨中央執行委員會組織部為抄送新疆近況報告致行政院政務處公函》（1939 年 9 月 13 日），（孝渝邊字）第 5805 號，二史館館藏行政院檔案。
〔註16〕 天津《大公報》，1934 年 7 月 6 日。

其次，在財政金融方面。成立了「新疆省設計委員會」，爲新疆各項建設制定計劃；聘請蘇聯專家米哈爾曼等爲省政府財政顧問，主持新疆的財政工作；成立財政委員會和財政監察委員會，建立並統一預算決算制度，設立特種刑事法庭，專門審理貪污案件全疆所有財政支出完全由財政預算廳核准；取消包稅制度，設立地稅局；改革關稅機構，取消各處關稅專員，應徵關稅概歸當地稅局辦理；徵收名目繁多的苛捐雜稅，用以維持龐大的行政開支；成立行政監察委員會，監察各級政府各級官員和行政人員，懲治貪官污吏；建立公務員合作社，解決公務員的生活困難；大量發行紙幣，緩解日益嚴重的財政危機。通過上述的財政政策，使得新疆的社會經濟有了緩慢的恢復。

文化教育方面。由於盛世才在新疆政治上的反反覆覆，使得新疆的文化教育也隨之來回改變。應該說盛世才是受過新時代洗禮的人物，其文化教育的理念自與前人有很大的不同。上臺伊始即確立了「以民族爲形式，以六大政策爲內容」的基本教育方針。教育廳長孟一鳴亦曾解釋盛的教育方針「因爲只有發展各民族固有文化，才能徹底消滅狹隘民族主義，才能眞正發展各民族的文化，才能眞正得到民族平等，鞏固民族團結」「只有發展六大政策爲內容的文化教育，才能使新疆各民族人民得到進步的知識，使新疆很快的由落後的新疆發展成爲先進的新疆」。〔註 17〕1935 年，在省立師範設立了維吾爾、哈薩克、蒙古等民族班，又在迪化成立編譯委員會，編譯少數民族文字課本，從蘇聯中亞地區購入大批少數民族文字的教材、儀器。在各個行政區成立教育局，在各縣普遍創辦縣立小學，舉辦民眾夜校，鼓勵各民族文化促進會創辦學校。同時聯合各少數民族中的知識分子、青年、民眾成立各民族文化促進會。

爲了培養人才，盛世才還派送青年學生到蘇聯中亞留學，對於這些留學生，盛世才、張馨、阿布索則夫等親自接見，勉勵他們瞭解和執行六大政策，爲完成新疆政府三年建設計劃而努力。〔註18〕從 1934～1936 年間，盛世才派往蘇聯的留學生約二三百人。〔註19〕

〔註17〕張大軍：《新疆風暴七十年》，臺北：蘭溪出版社，1980 年，第 3903 頁。

〔註18〕《新疆日報》，1936 年 7 月 15 日。

〔註19〕關於留學生人數說法不一。王壽成說 339 人，周東郊稱 257 人，包爾汗說約 300 餘名。

盛世才時期新疆在校學生狀況：

	1934 年	1935 年	1936 年	1937 年
公立學校數目	124	135	155	215
公立學生數目	11313	15460	22145	33054
私立學校數目	1000	1045	1055	1300
私立學生數目	19991	39960	59949	79932
總學校數目	1124	1180	1210	1515
總學生數目	31304	55400	82094	112986
留學生數目	84	90		
總學生人數	31388	55490		

在新聞廣播方面：1935 年，改《天山日報》爲《新疆日報》，用維、哈、漢、蒙四種文字在全疆範圍內發行。並於 1935 年建立了有線廣播電臺，派楊德祿爲廣播電台臺長，到 1938 年底，有線廣播電臺增加到了 160 部。在衛生保健事業方面，盛世才時期實行免費治療。截止到 1937 年底新疆有醫院 7 家，診療所 3 處。

盛世才新疆政策的結果，使得新疆「漸次移入了俄國的教育、文化，並通商、移民，經濟文化上的設施亦漸有相當的成績，因此，天山以北的團體生活及人民習慣，逐漸蘇俄化」。〔註20〕

（三）甘青問題

國民政府進入甘肅之後，歷經邵力子、朱紹良兩人努力經營，西北之政局方略有起色。在甘肅大局之初定之後，國民政府開始著力西北之經營。面對著國民軍離開後日益壯大的諸馬勢力與中央西北經營之間的衝突，南京政府之民族政策在西北地區受到了來自民族地方的挑戰。其問題所表現亦深受中英、中日、國共關係的影響。

抗戰前夕西北民族問題之表現及特點

孫殿英屯墾青海事件，其內中情由，學者多有異論。王劍萍認爲，此舉是蔣意圖削弱馮玉祥之勢力，引起孫馬之爭，從中漁利。〔註21〕姚鈞、楊效

〔註20〕〔日〕菊池武夫著，張覺人譯：《蘇俄在中國邊疆的赤化工作》，《民國邊事研究文獻彙編》，第 2 冊，北京：全國圖書館文獻縮微複製中心，2007 年，第 474 頁

〔註21〕王劍萍：《西北四馬合擊孫殿英的回憶》，寧夏回族自治區政協文史資料研究

平、郭緒印、高屹等亦持此種說法。〔註 22〕亦有學者認爲，孫殿英事件是爲
國民政府對西北諸馬之試探。〔註 23〕對於以上諸種說法，在此不多妄評。但
是通過孫殿英事件，其不僅僅是反映了國民政府與諸馬之間政治上的試探，
也包含著國民政府西北民族政策在西北地區的磨合。因而透過事變之時三方
的電文往來，還是不難窺出此一階段西北民族問題之大略。

孫殿英即將眞除青海屯墾消息爲馬麟偵知後，馬麟即刻向中央電陳「消
息傳來，青屬之蒙藏同胞頗形不安，紛紛向省政府請願，因其意象上發生其
畜牧生活之危險與壓迫並重恐其上年國民軍在西北種種之不良之印象，且失
望於目前安定生活與中央優異之待遇」。〔註 24〕

馬麟在此重新提出國民軍主西北所致之民族問題，意欲引起南京對西北
問題的重視，以免滋生事端，危及其統治。但南京並未爲馬麟所動，隨之發
表眞除命令，馬麟再次致電林森「青海西區所墾者不過是蒙藏畜牧之場所，
若孫軍來佔據，蒙人夕即鋌而走險」。〔註 25〕隨後，1933 年 7 月 11 日，青海
省政府派出漢族代表祁中道、回族代表馬繼祖、蒙族代表索南木札紫活佛，
藏族代表敏珠佛赴京請願，拒孫入青。在馬麟授意之下，蒙古、青海左右盟
保安長官及可可郡王電呈中央，聲稱「部民驚恐，蒙番各首領已糾合民眾誓
死抵抗」。〔註 26〕青海拒孫大會在給行政院致電中也稱「姑無論孫殿英之來
青有無其他內幕，但青省荒寒瘠苦，不能容納此十餘萬饑民就食，青民骨粉
腦漿不足供此十餘萬匪軍敲擊，已成生死存亡無可掩飾之事實，西北民族複
雜，武力開發不惟無效，適足招亂，中央苟不洞悉，先爲適當之處置以防患
於未然，一旦激成禍變，則屯墾開發皆成坑餡西北民命，顛覆西北大局之
詞」。〔註 27〕然而南京方面始終不爲諸馬所動，眼見得孫殿英屯墾青海即將

委員會：《寧夏三馬》，北京：中國文史出版社，1988 年，第 169 頁。

〔註 22〕 見姚鈞：《馬鴻逵、馬步青寧夏拒擊孫殿英紀略》，《青海文史資料選輯》第 1
輯，第 60 頁；郭緒印：《國民黨派系鬥爭史》，上海，上海人民出版社，1992
年，第 533～534 頁；高屹：《蔣介石政府與「西北四馬」》，《戰略與管理》，
1994 年第 4 期。

〔註 23〕 沈杜榮、郭迎春：《孫殿英屯墾青海問題再認識》，《固原師專學報》，1998 年
第 5 期。

〔註 24〕 《馬麟致林森等密電》（1933 年 6 月 25 日），《民國檔案》，1994 年第 4 期。

〔註 25〕 《馬麟致林森等電》（1933 年 7 月 5 日），1994 年第 4 期。

〔註 26〕 《行政院秘書處致蒙藏委員會函》（1933 年 7 月 19 日），1994 年第 4 期。

〔註 27〕 《青海拒孫請願大會致行政院快郵代電》（1933 年 9 月），1994 年第 4 期。

成為現實，寧夏、青海方面不得不最後通電全國「即日辭去本兼各職」，以此要挾南京方面，藉以阻止孫殿英屯墾青海。

對於孫殿英部屯墾青海可能所致之民族問題，何應欽在致汪精衛電中稱「馬部久居西陲，熟於邊務，職當遇事請益，萬無誤會衝突之理」，〔註28〕由是可見，南京方面在事變之初猶存對西北民族問題認識不足之缺陷。因而，面對馬麟之反對，仍「毅然決定」，並聲稱對於青海蒙藏各族之民族政策一仍不變，還煩請馬麟轉達回覆青海各寺盟旗電文，以期「以釋盡懷，並盼代為曉諭解釋至要」。〔註29〕馬麟原本意欲借助民族問題要挾南京，而汪精衛反請馬麟向蒙藏民族代為解釋。南京政府民族政策認識之先天不足由此可窺。

至馬麟發動漢回蒙藏示威遊行時，南京行政院猶在致青海省政府電中請蒙番各寺佛僧、各呼圖克圖、各盟保安長、各親王、郡王、貝勒、鎮國公、各族千戶，以圖「希釋群嫌，同期共濟，共策邊局於安全繁盛」。〔註30〕對於青海蒙番各寺僧來電，中央只是「覆電勸慰」，〔註31〕並未有切合實際之舉措。

隨著事態的發展，寧夏、青海方面紛紛以辭職，而「省垣各界頗顯杌陧，紛向本處請求召開寧夏各界民眾挽留馬主席及各省委請願人會」。〔註32〕至是，南京方面方不得不收回成命，命令孫殿英停止西進，原地駐防待命。

寧夏戰役前夕，孫殿英開始在西北民族問題上做起文章。其派遣人員秘密進入寧夏，散發其事先印製好的《告西北同胞書》、《告西北將士書》，在書中利用民族問題對諸馬大加抨擊「彼輩把持地盤，殘暴不仁，用人行事，專尚四同：一要同姓，即馬，非馬不喜；二要同族，即回，非回不親；三要同河，即河州，非河不同，四要同教，即回教，非教不信」，抨擊諸馬同時，孫殿英在《告西北將士書》中宣稱「本軍不分種族，不重地域，不論親疏，不問宗教，任賢用能，一本大公」。〔註33〕

西北地區原本民族關係複雜，若孫馬啟釁，是否會導致西北民族關係的惡化，重蹈國民軍末期之覆轍，外界對此頗為擔憂。對此，《申報》在社論中述評：

〔註28〕　《何應欽致汪精衛等密電》（1933 年 6 月 26 日），1994 年第 4 期。

〔註29〕　《汪精衛致馬麟密電》（1933 年 7 月 3 日），1994 年第 4 期。

〔註30〕　《行政院致青海省政府電》（1933 年 7 月 9 日），1994 年第 4 期。

〔註31〕　《行政院秘書處致蒙藏委員會函》（1933 年 7 月 19 日），1994 年第 4 期。

〔註32〕　《國民黨中央執委秘書處致行政院函》（1933 年 10 月 24 日），1994 年第 4 期。

〔註33〕　寧夏回族自治區政協文史資料研究委員會：《寧夏三馬》，北京：中國文史出版社，1988 年，第 173 頁。

強鄰圖我正急，地方之團結不固，設無懷徠遠人之策略，則一旦大軍所至，將更激動強鄰之進一步窺伺。同時並挑動邊人之疑懼。非特治邊之效難收，即原有之形勢，恐亦不易維持。況青海新疆同爲回漢雜處之區，又有他教參雜其間，民族與宗教錯綜關聯，向不似其他社會經濟一般之狀態簡單。〔註34〕

孫殿英屯墾事件所反映的民族問題實質爲國民政府西北民族政策受到了來自西北諸馬地方實力派的挑戰。而接下來日本方面勢力的介入，就使得西北民族問題又蒙上了外來勢力的陰影。但從總體情況而言，此一階段西北地區的民族問題所表現出來的是中央政府對地方控制的加強與地方利用民族問題與中央政府之間的博弈，再加上國際國內局勢的變動，都從各個方面影響著西北地區民族問題的變化，制約著中央政府民族政策的形成。

第二節　政策提出

一、政策之制定

1931 年 6 月 1 日，國民政府公佈《中華民族訓政時期約法》第六條規定：

中華民國國民無分男女種族宗教階級之區別，在法律上一律平等。〔註35〕

1936 年 5 月 5 日公佈的《中華民國憲法草案》規定：

中華民國各族均爲中華國族之構成分子，一律平等。人民有信仰宗教之自由。非依法律不得限制之。監察委員由各省、蒙古、西藏及僑居國外國民所選出之國民代表，依照第九十條所定名額，各預選半數，提請國民大會選舉之，其餘半數由監察院院長提請總統任命之。監察委員由各省、蒙古、西藏及僑居國外國民所選出之國民代表各預選二人，提請國民大會選舉之，其人選不以國民代表爲限。立法委員由各省、蒙古、西藏及僑居國外國民所選出之國民代表舉行預選，蒙古、西藏各八人。國民大會以左則國民代表組織之，

〔註34〕《移軍實邊與西北開發》，《申報》，1933 年 7 月 17 日。
〔註35〕《中華民國訓政時期約法》，《中華民國史檔案資料彙編第五輯第一編政治（一）》，南京：江蘇古籍出版社，1991 年，第 269 頁。

蒙古、西藏選出代表，其名額以法律定之。〔註36〕

　　1931 年 11 月，中國國民黨第四次全國代表大會通過有關邊疆地區的提案：開發邊地，必須特別注意邊地土著人民之生計。〔註37〕在人口稀少地方，須以不損害當地人民之利益；對於各該地人民之信仰，須尊重之，宗教行政取漸進的改良，並以喚起各教信徒自謀改良爲原則；對於各該地人民之社會習慣風俗，亦應採取漸進的改良。宣傳建設之方針以灌輸三民主義，介紹現代之實際科學知識，中央各機關須注意錄用邊遠各地人才。多派專家組織科學考察團，調查各地情況，獎勵中央人員到邊地服務；盡力發展邊地人民之教育。〔註38〕1932 年 12 月，四屆三中全會關於蒙藏問題通過《慰勉蒙藏來京各員並團結國族以固國基案》：

　　　　對於遠來與會之班禪、章嘉兩大師及各盟旗領袖，表示歡迎；宣告漢滿蒙回藏各地同胞一致團結，以禦外侮而奠國基；開發邊疆地方之一切政教設施，應以盡先爲各該地方土著人民謀幸福爲原則；以後中央各機關於可能範圍內，應多任用邊地各族人員，以爲訓練其政治能力之機會，並增加國族團結之實力；令行政院趕速於首都地方爲蒙藏僧俗來京供職人員設備適宜之住所。〔註39〕

　　1935 年 11 月 12～23 日《中國國民黨第五次全國代表大會宣言》第八條關於邊疆地區之規定：

　　　　對於邊疆一切施政綱領，以優先爲當地土著人民謀利益爲前提；自後國內蒙族、藏族、新疆回族，以及散在內地各小民族，選舉代表，必須在當地有確實籍貫者，期能充分表達各族人民之情意；對於上列各地民族之教育，中央應切實制定妥善方案，而努力以謀其發展；上列各地之經濟建設，應取保育政策，於其原有之產業與技能，應儘量設法使之逐漸改良，俾人民能直接獲益；政府應培養

〔註36〕　《中華民國憲法草案》，《中華民國史檔案資料彙編第五輯第一編政治（一）》，南京：江蘇古籍出版社，1991 年，第 275～288 頁。

〔註37〕　《中國國民黨第四次全國代表大會重要決議案》，《中華民國史檔案資料彙編第五輯第一編政治（二）》，南京：江蘇古籍出版社，1991 年，第 326 頁。

〔註38〕　《中國國民黨第四次全國代表大會重要決議案》，《中華民國史檔案資料彙編第五輯第一編政治（二）》，南京：江蘇古籍出版社，1991 年，第 335～337 頁。

〔註39〕　榮孟源：《中國國民黨歷次代表大會及中央全會資料（下）》，北京：光明日報出版社，1985 年，第 183 頁。

邊地人才，俾中央各機關得充分任用邊地出身之人員。〔註40〕

1937 年 1 月 12 日，國民政府公佈《蒙藏邊區人員任用條例》，對邊疆地區任職公務員進行了詳細的規定：

> 簡任、薦任、委任的邊疆職員應以蒙藏邊區土著人民、通曉國文、國語者，盡先任用。對於曾任蒙古盟長、副盟長、幫辦蒙務、備兵札薩克、副都統、保安長官或其他盟、部長官一年以上，曾任盟旗札薩克、總管、或其他盟旗長官一年以上，曾任蒙古公署處長、保安長官、公署督察長、旗務委員、旗協理、管旗章京、副章京或其他盟、部、旗薦任佐治人員三年以上者得以簡任任職；曾任蒙藏地方薦任職或薦任職相當之職務一年以上者，曾任蒙古盟公署科長、秘書或各旗參領、掌稿、筆帖式或其他與委任職相當之職務三年以上，曾任蒙藏地方與薦職相當之軍用文官一年以上，經蒙藏地方最高行政機關以薦任職甄錄合格者得以薦用職用；曾任蒙藏地方委任職或與委任職相當之職務一年以上，曾任蒙藏地方與委任職相當之軍用文官一年以上者得以委任職任用。〔註41〕

蒙古問題發生後，國民政府於 1931 年 10 月 12 日公佈了《蒙古盟部旗組織法》，規定蒙古盟部旗組織治理蒙古人，在同一區域內實行蒙漢分治，盟旗涉省、縣事件，應商承省、縣政府辦理；蒙古地方之軍事、外交及其他國家行政，均統一於國民政府；蒙古各盟備兵，札薩克照舊設置。〔註42〕1934 年 3 月 14 日，國民政府公佈《解決蒙古地方自治問題辦法原則》，盟旗地方之組織不予變更，管轄治理權一律照舊，停止放墾蒙荒，不再於盟旗地方增設設置局。1936 年 2 月 25 日，國民政府公佈《綏遠省境內盟旗地方自治政務委員會暫行組織大綱》和《綏遠省境內盟旗地方自治指導長官公署暫行條例》，之後又於 7 月 27 日公佈《察哈爾境內各盟旗地方自治政務委員會組織大綱》，對蒙古王公之自治要求作出大的讓步，國民政府蒙古政策的出臺，打破了日本方面對蒙古滲透分裂的企圖，對於西北蒙古族地區產生了深遠的影響。

〔註40〕 中國國民黨浙江省黨部：《中國國民黨歷屆全國代表大會宣言集》，杭州：中國國民黨浙江省黨部，1938 年，第 55 頁。

〔註41〕 《蒙藏邊區人員任用條例》，第二歷史檔案館：《國民黨政府政治制度檔案史料選編（下）》，合肥：安徽教育出版社，1994 年，第 450～452 頁。

〔註42〕 《蒙古盟部旗組織法》，《中華民國史檔案資料彙編第五輯第一編政治（五）》，南京：江蘇古籍出版社，1991 年，第 45～48 頁。

　　蒙藏委員會對於西北民族政策之制定。作爲民族事務的管理機構，爲了解決西北之民族問題，蒙藏委員會亦制定了相關的法規條例，以圖解決當時民族、宗教上存在的問題。1933 年制定《蒙藏委員會蒙藏政治訓練班簡章》，1934 年 1 月 8 日，蒙藏委員會公佈《邊疆宗教領袖來京覲見辦法》、《蒙藏回疆各地方長官及宗教領袖人員來京展覲禮節單》、《達賴班禪代表來京展覲辦法》，1934 年 6 月，行政院核准《蒙藏委員會派遣與補助內地僧侶赴藏遊學規則》，1935 年 1 月 14 日，制定了《蒙藏回疆各地方長官及宗教領袖人員來京展覲賞賚辦法》，1936 年 2 月 10 日。又相繼公佈《喇嘛教轉世辦法》、《喇嘛任用辦法》、《喇嘛獎懲辦法》。

二、體制之變動

　　哈密地區改土歸流前，應新疆省政府之請，內政部呈奉中央政治會議核准，將哈密地方劃爲行政區，暫轄哈密、鎮西兩縣，置行政長一人。〔註 43〕

　　1932 年 4 月 9 日，行政院會議議決請國民政府特派章嘉呼圖克圖爲蒙旗宣化使，直隸行政院，掌理蒙旗宣化事宜，下設總務處、宣傳處。1932 年 4 月，國民政府特派班禪額爾德尼爲西陲宣化使，1935 年 2 月 8 日，在阿拉善成立西陲宣化使公署。

　　1934 年，國民政府頒佈《解決蒙古地方自治問題辦法原則》，成立了直隸於行政院並受中央主管機關指導、總理各盟旗政務的蒙政會，成立盟、旗政府，承認其管轄治理權一仍舊制。但在實際上盟旗有關省縣事宜，仍得與省縣政府協商辦理。這樣實際上造成了體制上的混亂，導致政出多門。給後來對西北盟旗制度的改革造成了不利影響。

第三節　西北地方政府對中央民族政策之執行

　　南疆問題發生後，國人開始對其進行深入思考，並提出了相應解決方案。事變發生在與「人民與中央隔閡日深一日，而於中央政治的設施以及中國國民黨的漢滿蒙回藏五族平等和扶助弱小民族的主張，簡直就沒有瞭解的機會」，〔註 44〕「中央縱有治邊善政，但格於疆吏之掣肘，不能見諸實行。中央

〔註 43〕中國國民黨中央統計處：《民國二十三年之建設》，南京：正中書局，1934 年，第 38 頁。

〔註 44〕高長柱，劉養浩：《新疆之危機》，《民國邊事研究文獻彙編》，第 2 冊，北京：

以難於駕馭，亦只充耳不聞，熟視無睹」，〔註45〕1933 年 4 月 24 日，金樹仁在新疆塔城致電國民黨中央黨部「樹仁忝竊重任於今五年，雖無政績可言，亦未苦累吾民。而叛黨劉文龍等乘省防空虛，勾結軍官盛世才、白受之等助長變亂……樹仁奉職無狀，咎無可辭，應請政府准免主席兼邊防督辦本兼各職，另選賢能」。〔註46〕同一天，《大公報》刊登「政府對新亂事甚注意，連日汪與蔣往返電商，決將派大員入新，期就地解決，人選日內即可發表。〔註47〕4 月 28 日，國民政府發表了「特派黃幕松為新疆宣慰使」的國府令，5 月 2 日，汪精衛主持召開了行政院會議，通過致新疆省府各委員、廳長電，稱「中央正慎簡賢能，勤求治理」，並發佈安撫新疆民眾的國府命令「中央正在慎選賢良，妥籌治理，並先特派參謀部次長黃幕松為新疆宣慰使，務期合輯軍民，嘉靖地方」。

　　新疆自古就是多民族聚居區，盛世才執政後，根據「民族是人類常住的地域的一種共同集合體，是人類在一定社會經濟結構下形成的言語、風俗、習慣、文化……的共同集合體」。〔註48〕把這些民族區分為：漢、滿、蒙、回、維吾爾、哈薩克、塔吉克、塔蘭其、塔塔爾、阿爾克孜、烏茲別克、錫伯、索倫、歸化等十四個民族。這些民族，所處地域環境不同，宗教信仰各異，民族風俗也頗為差異，其民族構成及大致分佈情況如下表

新疆民族分佈狀況（依據傅希若：《對新疆民族問題的基本認識》〔註49〕製作）：

宗教	民族	人數	分佈區域	比例
伊斯蘭教	維吾爾	2941480	南疆、伊寧、哈密	92.3%
	哈薩克	318716	阿爾泰山、天山北路	
	烏茲別克	7966	伊寧、塔城、疏附、奇臺	

　　　　全國圖書館文獻縮微複製中心，2007 年，第 99 頁。

〔註45〕鍾羽：《建設新疆的首要問題》，《民國邊事研究文獻彙編》，第 2 冊，北京：全國圖書館文獻縮微複製中心，2007 年，第 388 頁。

〔註46〕《國民政府文官處為新省主席金樹仁電請免本兼各職等致行政院公函》（1933 年 4 月 29 日），南京第二歷史檔案館藏館藏國民政府行政院檔案，政二（2），34，16J-1381。

〔註47〕《天津大公報》，1933 年 4 月 24 日。

〔註48〕張大軍：《新疆風暴七十年》，臺北：蘭溪出版社，1980 年，第 3475 頁。

〔註49〕甘肅省圖書館：《西北民族史料文摘》（新疆分冊），甘肅省圖書館，1984 年，第 566～567 頁。

	塔塔爾	4601	伊犁	
	吉爾吉斯	65248	帕米爾、天山一帶	
	塔吉克	8867	蒲犁、莎車、澤普、葉城	
	東幹	92146	迪化、伊犁	
喇嘛教	蒙古	63018	北疆、焉耆、和靖	1.7%
東正教	歸化	13408	伊犁、塔城、阿山、迪化	0.3%
薩滿教	錫伯	9203	伊犁	0.3%
	索倫	2489	伊犁	
	滿洲	670	伊犁	
	漢	202239	迪化、奇臺、綏來	7%

　　從哈密民變、金樹仁下臺到盛世才主政，國民政府對於新疆內幕知之甚少，時人大多認為新疆的變亂是民族矛盾和外部勢力的干擾，因而事變之初，政府多從協調民族、中蘇邦交關係入手。因而就有中央意欲白崇禧以宗教關係入新，並同時擬開通綏新公路以便輸送軍隊糧餉之說。正是基於對新疆事變在民族關係、中蘇邦交上的認識，國民政府主席林森在公告中明確表示：對新疆各族以安撫為主，以民族平等、團結為要旨，慎選賢能，安定西陲。〔註50〕行政院派出的以黃慕松為首的宣慰團也以化解民族矛盾，協調外部關係，鞏固國防安全為主旨，力圖從政治上控制新疆。正是在「協和民族、遏制動亂、消弭戰爭、調整人事」原則下，〔註51〕黃慕松開始了他的新疆宣慰活動。

　　然而此時的新疆形勢業已發生了很大的變化。誠然，哈密民變的起因在於金樹仁政府的腐敗無能，官吏軍隊的漁肉壓榨，百姓不堪重負，被迫揭竿而起，為生存而抗爭，但是又有外部力量的介入，事變的發展已經是面目全非。因而盛世才上臺之初，針對時局相機提出「各民族在政治、經濟、文化、宗教信仰上是平等和自由」的策略，對各民族「剷除過去的民族壓迫，經濟剝削，政治的殘暴以及文化的麻醉，實現和平與溫飽」相許。〔註52〕在他的臨時政府裏面也點綴著聶茲耳、馬鴻祥等少數民族人士，在其公佈的臨時政綱中也標明要「廢除金樹仁對人民種種非法不人道之束縛」。〔註53〕與此同

〔註50〕張大軍：《新疆風暴七十年》，臺北：蘭溪出版社，1980年，第3233頁。
〔註51〕張大軍：《新疆風暴七十年》，臺北：蘭溪出版社，1980年，第3233頁。
〔註52〕張大軍：《新疆風暴七十年》，臺北：蘭溪出版社，1980年，第3283頁。
〔註53〕曾問吾：《中國經營西域史》，上海：商務印書館，1936年，第553頁。

時，派出馬福壽、馬志會、曼蘇爾到南山進行宣撫；利用馬仲英與和加尼牙
孜之間的矛盾，請蘇聯領事從中斡旋，答應和加尼牙孜對南疆治權的要求。
同時利用和談手段，在政治上贏得先機；並通過內部整肅，統一軍政，加強
實力，以待與馬仲英一決高下。

　　黃幕松在盛馬準備好再戰的情況下飛抵迪化，此時雙方的戰爭已是在弦
之箭，因此注定了黃氏的宣撫在政治、軍事、經濟上不會有甚大的作為。但
是黃幕松到達以後，還是做了一番苦心經營的。首先派出馬正海、麻珍儒等
六名民族人士取道伊犁分赴焉耆、阿克蘇、喀什、和田一帶進行宣慰；〔註54〕
並聘任哈密回王聶茲耳為宣慰使署高等顧問，親赴吐魯番、哈密一帶進行宣
慰；將政府文告及其《兄弟告新疆民眾書》等文件分寄伊犁、塔城、阿山各
行政區，〔註55〕以期各族民眾「詳悉中央關懷邊民之德意，而使地方秩序早
日恢復」。〔註56〕然而動盪之中的新疆，這種宣慰的效果如何是顯而可知的。
至於張培元、馬仲英所謂的「聽黃使之調度以資效力」，〔註57〕也無非是一紙
空文。因之，對於黃氏的舉動，盛世才回師省城，先是清內患，再困宣慰使，
使之籠絡人心所憑籍的「中央威望」一落千丈，從而輕而易舉的掃蕩了黃的
外圍，使之身困寓所，朝不保夕，最後不得不由蔣介石、汪精衛聯名致電劉
文龍、盛世才「不可攜貳，致毀前功」。〔註58〕

　　中央對新民族政策的形成及羅文幹入新

　　1929 年 3 月中國國民黨第三次代表大會在政治報告之決議案中對民族政
策做了詳盡闡述：「本黨致力國民革命。既以實現三民主義為唯一目的，則吾
人對蒙古、西藏及新疆各省，除實行三民主義外，實無第二要求」。〔註59〕在
其三民主義的邊疆民族政策中，主要集中於以下幾點：以各民族一律平等為
基點，扶植其發展；力求各民族精誠團結並尊重及融洽各民族之宗教習俗；
在民權上積極培植邊疆各民族之自治能力，使能瞭解四權之運用並延攬邊政
人才中央黨政以增進民族團結之實力，及其對政治工作之瞭解俾能實行自
治；在民生上，是依照國父實業計劃之規定，發展交通，開發土地，推廣實

〔註54〕周東郊：《新疆十年》，蘭州：和平書局，1948 年，第 317 頁。
〔註55〕蔡錦松：《盛世才在新疆》，鄭州：河南人民出版社，1998 年，第 100 頁。
〔註56〕張大軍：《新疆風暴七十年》，臺北：蘭溪出版社，1980 年，第 3285 頁。
〔註57〕《馬仲英致國府電》，《大公報》，1933 年 7 月 13 日。
〔註58〕張大軍：《新疆風暴七十年》，臺北：蘭溪出版社，1980 年，第 3271 頁。
〔註59〕張大軍：《新疆風暴七十年》，臺北：蘭溪出版社，1980 年，第 2821 頁。

業，以使邊疆生產的迅速增加。〔註60〕

　　雖然黃幕松入新沒有達到中央的目的，然而這並非等於黃氏入新一無所獲，他使得中央得以瞭解新疆各派、各民族的情況，以及下層民眾和民族宗教人士對於中央的信任與和平的期望，使得中央重新審視對新方略，汪精衛在 1933 年 7 月 10 日的一周政要報告中提出：民族要平等，宗教要自由……新疆之民族習慣各有不同，語言各有不同，文字各有不同，風俗習慣各有不同，這些應聽其各有自由，而政治上之權利義務則要一律平等。〔註61〕因此國民政府重新確定了新的「外交統一於中央、軍事統一於中央、民族要平等、宗教要自由」治新政策。

　　正是基於對新疆問題的重新認識和治新政策的調整，才有了羅文幹的第二次入新及張培元、馬仲英、盛世才三角同盟方略的出臺。

　　黃幕松離新之後，新疆的局勢變得更加複雜。首先是國內輿論紛紛譴責中央軟弱，盛氏跋扈。1933 年 7 月 7 日天津《大公報》刊文譴責盛世才「以莫須有之罪名殺國家有用之才」，呼籲當局「不能坐視境內有古代野蠻部落式之行政留存其間而不問也」。武漢回教禮拜寺也要求「停劉文龍、盛世才之職，歸案究辦，為陳中平冤，另揀賢明大員治新」；〔註62〕馬仲英也籍此「率部前進，除彼大憝」。〔註63〕而此時的內政部部長黃紹竑也藉口新疆動亂，提議武裝統一新疆。此時的新疆正為一種和談的假象所籠罩，但由於盛馬雙方差距甚大，雙方最終還是不得要領。同時由於「中央對於盛劉張均有所安置，而唯對馬仲英隻字未提，同時又屢電其退回原防」，〔註64〕更增加了馬對未來的未知因素。但是隨著和加尼牙孜在南疆的潰敗，使得馬仲英重新獲得對盛的優勢，雙方也都同時意識到了臥榻之患。因之，盛馬對決已是在所難免。

　　對於此次赴新的使命，羅文幹於臨行前曾對各記者表示「余係宣達中央旨意，並與新省當局及民眾各族領袖會晤，務期群情翕服，鞏固邊陲」。〔註65〕

〔註60〕張大軍：《新疆風暴七十年》，臺北：蘭溪出版社，1980 年，第 2823 頁。
〔註61〕張大軍：《新疆風暴七十年》，臺北：蘭溪出版社，1980 年，第 3273 頁。
〔註62〕《武漢回教禮拜寺聯合為劉盛擅殺陳中等請停職究辦致行政院代電》（1933 年 7 月 17 日），第二歷史檔案館館藏行政院檔案，轉引自蔡錦松：《盛世才在新疆》，第 115 頁。
〔註63〕《馬仲英致蔣介石等電》（1933 年 7 月 28 日），第二歷史檔案館館藏行政院檔案，轉引自蔡錦松：《盛世才在新疆》第 115 頁。
〔註64〕蔡錦松：《盛世才在新疆》，鄭州：河南人民出版社，1998 年，第 115 頁。
〔註65〕張大軍：《新疆風暴七十年》，臺北：蘭溪出版社，1980 年，第 3291 頁。

羅文幹入新，對於渴望和平的各族民眾來說，無不抱以莫大期望。因而當其到達哈密時，上至王公下至各界民眾領袖及維族同胞無不歡迎，紛紛要求謁見。在迪化的各界歡迎會上，由於民眾對中央大員的期望和和平曙光降臨的興奮，就連素日戒酒素嚴的回教同胞，是日也破例痛飲。當日下午，羅文幹又親赴各坊禮拜寺宣慰，各少數民族群眾亦感激異常。〔註66〕

在羅文幹宣撫民意的同時，1933 年 9 月 26 日，行政院第 127 次會議通過新的新疆省政府委員人選，並在原有基礎上增加了阿山的沙裏福汗（哈薩克族）、焉耆的滿楚克札布（蒙古族）、南疆的和加尼牙孜（維吾爾族）和回族的馬仲英。〔註67〕表面上看，這樣的安排正合乎中央的民族政策，但當時實際上能影響時局的只有盛、馬、張三人，其他各組代表只能充當三角制衡的點綴裝飾。因之，三方之中任何一方發難，就必然導致其民族政策的落空和失敗。

從民國紀元到金樹仁垮臺，新疆一直孤懸塞外，中央政令只是形式上到達新疆，而新疆地方當局一直是自行其是。再加上軍閥執政，閉關自治，地方與中央輕視形同隔絕。對於地方實力派人物，中央也只是出於新疆控制之目的，在知之甚少而又對新疆圖之甚急的情況下，從中央到宣慰大員都顯得操之過急，從而造成欲控卻失控，欲衡卻失衡。再者從黃幕松入新到羅文幹東歸，中央的威信受到地方軍閥的嚴重挑戰卻無可奈何，因此，各方對中央也是若即若離，其建立與中央的關係，亦無非是為了「挾天子以令諸侯」，一旦發現中央的不可持之後，便又根據自身境況各自為政。在中央施政被地方架空，地方對中央希望落空的情形之下，其民族政策的實施亦難以成效。

國民政府治新民族政策的失誤是新疆當時的經濟文化發展落後的結果。新疆文化狀況的落後是楊增新長期實行愚民政策的結果。楊增新治新其間實行閉關自治和愚民政策，楊增新認為：民智已開，人心日險。〔註68〕今日犯上作亂之人，乃出於學校之中。〔註69〕因而他治新大略在「共和實草昧初開，羞稱五霸七雄，紛爭莫問中原事；邊庭有桃源勝景，狃率南回北準，渾噩長為太古民」之中。〔註70〕第一次經營新疆失敗後，國人曾對此反思「新省之

〔註66〕曾問吾：《中國經營西域史》，上海：商務印書館，1936 年，第 556 頁。
〔註67〕張大軍：《新疆風暴七十年》，臺北：蘭溪出版社，1980 年，第 3299 頁。
〔註68〕楊增新：《補過齋文牘》，辛集二。
〔註69〕楊增新：《補過齋日記》，卷 7。
〔註70〕曾問吾：《中國經營西域史》，上海：商務印書館，1936 年，第 638 頁。

患，蓋其民古樸智識尚待開發」，〔註71〕並提出政府今後應該「努力培植民眾之智識及其民族意識」。再者就新疆當時的經濟狀況而言，由於內地混亂不已，交通阻塞，新省的經濟形成了：北疆畜牧產品——蘇聯日常生活用品——南疆農業產品——北疆畜牧產品的循環交易，對於內地的經濟聯繫日漸減少，同時由於民族宗教關係，在經濟上新疆對於中亞較之中原地區關係更為密切。最後，由於黃羅宣慰主要囿於省垣及民族上層人士，對於廣大下層民眾來說，中央究竟是怎樣的一種德意，怎樣的一種政策不為廣大的下層民眾知曉，因而這些就在基礎上造成了對中央政策的漠然，從而直接導致第一次民族政策經營上的失敗。

一個正確政策執行，離不開政治環境和強大的軍事經濟基礎的保障，而當時國民政府正處於內憂外患之中，東南、西南、東北、西北無不強鄰環顧。所以他對於西北的經營尤顯得心有餘而力不足。在數害取其輕的主導思想之下，對於西北的局面也只好在表面不脫離中國的情況下聽之任之。而新疆事變的各方，也正是利用中央政府的無力西顧，使得國民政府的政治上收復新疆的努力付諸東流，更談不上民族政策的實施了。也正是由此造成了國民政府火中取栗，而蘇聯政府坐享漁翁之利的局面。

盛世才時期的新疆民族政策

盛、馬、張三者的角逐之中，盛世才的脫穎而出雖說與蘇聯的直接支持有著很大的關係，但是不可否定盛世才在政治策略上的高人一籌也使得他最終能夠擊敗強大的對手，取得新疆的政權。對於盛世才的權變之術，後人多有研究，在這裡只就其在民族政策上做一論述。從馬仲英入新到金樹仁垮臺，再到北疆、南疆、東疆的動亂，為了緩解下層民眾的普遍不滿，盛世才先是提出了「民族平等、信教自由、整理財政、農村救濟、澄清吏治、擴充教育、推行自治、改良司法」八大宣言；〔註72〕繼之又提出「厲行清廉、發展經濟和提高文化、建設新疆、絕對保護各王公、阿訇、喇嘛等的地位和權利」，最終在聯共黨員俞秀松等的幫助下形成了以「反帝、和平、清廉、建設、親蘇、民平」為主要內容的六大政策。〔註73〕

〔註71〕張大軍：《新疆風暴七十年》，臺北：蘭溪出版社，1980年，第3327頁。
〔註72〕新疆社科院歷史研究所：《新疆簡史》，烏魯木齊：新疆人民出版社，1980年，第208頁。
〔註73〕陳慧生、陳超：《民國新疆史》，烏魯木齊：新疆人民出版社，1999年，第287頁。

對於新疆的民族宗教問題，盛世才認為：「要想使新疆的民族平等政策得到確實的保障，必須打倒帝國主義」「在文化經濟落後的區域越需要宗教」，新疆社會現階段「是一個色彩十分濃厚的落後社會，所以他的民眾特別需要宗教，我們也特別要保障信教自由的獨立」。除了發展經濟外「則必須發展各民族的固有文化，則在各民族學校中必須用各族的固有語言文字教授，對於各種出版物和各種印刷品必須用各族的固有文字來印刷，必得照這樣做去，才能很快地達到提高文化的目的，提倡發展各族固有文化的目的。」盛世才認為，只有發展各民族的固有文化，才能達到各民族一律平等的目的和在很遠的將來消滅和融合這些個別的民族文化成為一個共同的文化。為了達到這一目的，他提出了反戰的策略「一、應發展適合於各民族的實際生活狀況的文化；二、應發展各族語言文字的印刷品、學校、戲院及一般的文化的教育機關；三、設立及發展用民族語言文字的普通教育式的技術性質的學校和速成班；四、提高文化估計到封建社會勢力的力量和實際上經濟發展的階段」。〔註74〕

對於地方各民族宗教勢力，盛世才認為「我們一方面應該擁護封建勢力，使他們瞭解政府的政策，援助政府和同情政府共同來負擔起建設新疆的偉大工作；另一方面在封建勢力不妨礙社會發展和不影響建設新新疆的前途的情勢之下，新政府就應當絕對的保護各族王公、阿訇、貝子、貝勒、佛爺、喇嘛等的地位和權利」。〔註75〕在他的政府機構之中，為使各民族均有參政機會，特實施副主官制，即某廳局正廳是漢人，副廳長即是他族人，正廳長是他族人，副廳長即是漢人。

對於各民族中的知識分子、青年和一般民眾，為了凝聚他們的力量為新政府所用，就成立了所謂的民族文化促進會當時計有：維文會、哈柯文會、蒙文會、塔文會、回文會歸文會等，擔任各族文化促進會領導的大多是本民族有才勢的人物或宗教領袖人物，也有一些進步的青年知識分子。

民族教育問題上。在新疆「四‧一二政變」前少數民族教育設施甚少，而經文學校很是盛行，幾乎遍及南疆各地。宗教人士以寺院為學堂招收穆斯林子弟學習阿文和《古蘭經》，這些學校大部分由阿訇、伊瑪目任教，少數學校還聘有土耳其人。他們中有的向學生灌輸泛突厥主義和泛伊斯蘭主義。盛世才上臺以後政府在省府設立少數民族學校，專門招收維族、哈薩克族子弟；

〔註74〕 蔡錦松：《盛世才在新疆》，鄭州：河南人民出版社，1998年，第172頁。
〔註75〕 蔡錦松：《盛世才在新疆》，鄭州：河南人民出版社，1998年，第176頁。

此外在省立師範學校成立維吾爾、哈薩克、蒙古等民族班，在迪化成立編譯委員會，編譯少數民族文字課本，又從蘇聯中亞地區購入大批少數民族文字的教材和教學儀器；軍校也開始招收少數民族子弟入學。此外，盛世才又派遣一大批少數民族學生去蘇聯中亞留學，蘇聯中亞國立大學於 1934 年設立行政法律系專門培養新疆的官費留學生，每期兩年結業，教授科目除醫學獸醫等專科外，以政經為主，灌輸受教育者以馬列主義思想理論。〔註76〕。

　　應該說，盛世才的民族政策是全面的，但是新疆所處的國內外環境，使得民族政策的執行也出於政權的鞏固。因此盛政府的民族政策也是以不危害其統治秩序為原則，對於可能危及其統治的各種力量，無論是保守勢力，激進份子還是其他政治勢力，也都一一進行打擊。在周旋於蘇聯、國民政府、共產黨、民族勢力的過程中，勢所難免的造成「左手扶植，右手破壞」的局面。

　　青海自古就是一個多民族聚居區，各民族之間通過長期的生產勞動和文化交流，逐漸形成了互助團結的友誼關係。青馬上臺之後，承襲了歷代統治者分而治之的傳統，利用各民族之間的草場之爭和宗教矛盾，製造和挑起各種糾紛，藉以從中分而治之。馬氏以回族上層人士為骨幹，分別容納各民族和宗教界的上層知識分子，籠絡和統治各民族群眾，達到團結安定內部，一致對外的目的。雖然說在各種公開場合也對外宣佈標榜民族平等，實際上卻是少數人的平等，對於大多數少數民族及其下層民眾而言，他們面臨的卻是比以往更加殘酷的壓迫和剝削。馬氏集團對這些民族採用的是軍事高壓政策，順之者昌，逆之者亡。但是對於這些民族的上層王公千百戶及土司等，馬氏卻是優而待之，分別委以不同的職位，借其蒙藏王公百戶的名義向中央挾以自重，使其為馬氏集團的統治利益服務。作為西北的回族軍閥，民族宗教因素也是青馬集團統治策略之中的重要一環。因此，馬步芳大力拉攏省內外的一些伊斯蘭教阿訇，資助其宗教、商務及文化機構，同時向一些宗教活動、宗教場所大量捐資，以求獲得宗教上的好感和支持，從而形成教權和政權的互為表裏，互相支持。對於省內的其他宗教，在以伊斯蘭教為主的前提之下，兼收並蓄，允許其在不危及自身統治的前提下自由發展，並利用其中一些宗教上曾人士的各種關係，給予他們一定的經濟援助、政治拉攏，使其最終都歸入到馬氏門下，成為青馬的御用工具。

　　馬步芳曾對外宣稱「全國甚至全世界，對於青海最稱讚、最欽敬的，就

〔註76〕周東郊：《新疆十年》，蘭州：和平書局，1948 年，第 415 頁。

是我們雖說有漢、回、蒙、藏各種不同的民族，但是相親相愛，精誠團結得像一家兄弟一樣」，〔註77〕青海各個民族之間「蔚至融洽，團結無間，造成了全國各省甚至舉世稀有的奇蹟」。〔註78〕然而無論是其平等團結的民族政策還是自由融洽的宗教政策，都是以服從其專制統治為前提的，一旦有危及自身利益的傾向或行為，就會毫不留情地殘酷鎮壓。

　　寧夏作為一個多民族聚居區，社會的穩定，經濟的發展都需要一個良好融洽的民族環境。作為回族地方軍閥，其自身利益在實際操作過程中是高於國家利益、民族利益、宗教利益的。因此從維護自身統治之計，意味著軍閥必須打破其統轄地域內的民族宗教界限，充分協調好各個民族階層之間的利益關係，從而最大限度的維護自己的統治。客觀而言，在馬鴻逵統治寧夏時期，其在民族政策上的政策還不失為明知之舉。無論實際情況怎樣，馬鴻逵首先打出了國家高於宗教，宗教離不開國家的理念。他在《國家與宗教演詞》中強調「講信教自由，絕對不能離開國家，假使沒有了國家，雖欲問政治而專力信仰宗教以獨善其身，也不能由得自己，所以我們很肯定的可以說，宗教是必要國家來保護的，倘若離開了國家，跟本上就無宗教而言，也可以說，有國家方有宗教，無國家即無宗教」。〔註79〕

　　作為西北伊斯蘭教的主要傳播地區，寧夏境內分佈著格底目、虎夫耶、哲赫忍耶、嘎德林耶、伊赫瓦尼等教派，因此怎樣處理好各個教派之間的關係，也是一個關係到寧夏地區穩定的重要問題。對於馬鴻逵而言，其雖然貴為一地之主，政權在握，但是對於教權而言，其明顯沒有青馬那樣得心應手。為此，1938 年，馬鴻逵召集寧夏全省教長三百餘名，進行「戰時教育」討論。在討論會上，馬鴻逵強調，穆斯林民眾要把崇敬「真主」的心用以「尊崇領袖」，「領袖」甚至可以取代真主。〔註80〕在此馬鴻逵提出的領袖，不僅包括全國最高領袖，同時也包含了寧夏省最高領袖。馬鴻逵之意圖，是想通過「全省教胞的領袖」，把全省的穆斯林納入到寧夏最高的領袖統治之下。為此就必

〔註77〕 《青海省政府告本省蒙藏哈薩王公千百戶書》（漢藏文本），第 6 頁，青海省圖書館館藏。

〔註78〕 芝草：《青藏公路是怎樣修成的？》，《西北通訊》（南京），1947 年 10 月，第 8 期。

〔註79〕 馬鴻逵：《宗教與國家演詞》，《馬氏族譜・藝文集》，第 11～12 頁。

〔註80〕 寧夏省政府教育廳編印：《寧夏省回教教長戰時教育問題討論會專刊（第 1 集）》，1938 年 8 月，第 11 頁，南京圖書館館藏。

須在某些民族問題上和國民政府相一致，他在《西北兩大問題》中說「宗教是宗教，民族是民族，不能混爲一談，中國的人民，因信仰自由，信仰了回教，仍是中華民族，並不因信仰而變爲阿拉伯民族，這正好比中國人信仰佛教、信仰耶教，並不能因信教而變爲印度人、猶太人」，〔註81〕「回教是一種宗教而不是一種種族，如果謂回教即爲回族，那就錯誤太大了」。〔註82〕之後，他又將自己在 1934 年 2 月講的《西北兩大問題》與 1936 年 5 月講的《西北回漢問題之解剖》翻印成小冊子，並以多種形式廣爲傳播。其目的則只有一個，利用中央之威望來確定自己在寧夏宗教之上的領袖地位。

馬鴻逵接任寧夏省政府主席之後，一方面宣稱對各教派一視同仁，不偏祖任何教派，討好門宦和格底目；另一方面通過「中國回教協會寧夏分會」組織，實行了一系則的「改良」措施，大力推動和發展伊赫瓦尼的維新運動。〔註83〕先是在 1930 年以敦厚堂的名義，捐獻五萬紙幣作爲提倡，接著又在各地回民中捐款四十多萬元，作爲教育資金，支持伊赫瓦尼的「中阿並重」的經堂教育。接著又以敦厚堂的名義，邀請各地伊赫瓦尼的知名阿訇編撰專著，開展伊斯蘭教學術研究，大力提倡開辦阿訇教義國義講習所，極力扶植清眞寺的經堂教育，爲全省清眞寺募集百萬教育基金。把全省五百多清眞寺分爲頭、二、三等和小坊四個等級，一等分配兩千元，二等一千元、三等五百元，四等五十元，用於購置田地、房產或牲畜，作爲經堂教育的基金，用於支持各地的傳教事業。

正是通過這一系則的政治經濟手段，馬鴻逵得到了全省宗教人士的支持擁護和國民政府的認可，從而牢固地把寧夏的政權握在自己手中。

第四節 中央與西北地方之博弈及西北民族政策的轉變

—— 以孫殿英事件爲例

孫殿英，字魁元，河南永城人。1933 年，日軍進犯熱河，孫率部於赤峰、獨石口一帶抗擊日軍，此舉一致博得國內好評。1933 年 5 月，馮玉祥在張家

〔註81〕 馬鴻逵：《西北兩大問題》，寧夏省政府秘書處印行，1934 年，第 14～15 頁。
〔註82〕 馬鴻逵：《宗教與國家演詞》。《馬氏族譜·藝文集》，第 13 頁。
〔註83〕 勉維霖：《寧夏伊斯蘭教派概要》，銀川：寧夏人民出版社，1981 年，第 122 頁。

口成立察哈爾民眾抗日同盟軍,派張允榮與其接洽,力爭與其合作,共同抗日。但孫為自謀計,表示「欲遠離漩渦,移屯邊荒。願率所部移屯陝北、綏西邊荒,以圖生產」,〔註84〕對於孫殿英移墾綏西之議,國民政府商議後「奉蔣委員長電示,擬令職部開赴青海屯墾實邊」,對此,孫殿英「聞命之下,不勝歡舞」。〔註85〕

一、孫殿英事件與諸馬之反應

對於國民政府對孫殿英青海屯墾之任命,馬麒在給林森電中稱「傾聞中央已正式任命,青海蒙番同胞,軍民一體,恐惶走告,授之孫殿英者,即授之馮玉祥,策略不明,事實如此。如孫氏必欲西來,不僅關青海之治安,西北從此多事矣」。〔註86〕對於馬麒之疑慮,汪精衛在回覆馬麟電中稱「中央對於屯墾督辦一事,幾經接洽,慎重考慮,始已然任命,對於青海省福利重增保障,決不至如尊電所慮」,〔註87〕面對中央之決意,馬麒依然據理力爭「各族旗及回漢民眾,一聞孫軍屯墾既經發表,人心較前益形激憤,竟於本月五日召開青海全省民眾拒孫請願大會,職等制止無效,到會者人數約十萬左右,商界罷市,學界罷課,工界罷工」,〔註88〕並一再請求「收回成命,令孫軍停止出發」。〔註89〕面對馬麒的一再請求,行政院明確回覆「中央此次遴任屯墾督辦,也曾經深慎考慮」,〔註90〕且致電朱紹良、鄧寶珊「孫殿英青海西區屯墾督辦之命,係與委員長、何部長再三裕酌,復經國防會議同人詳細討論,始行決定」,〔註91〕因此斷無更改之理。

面對諸馬與南京方面的分歧與矛盾,朱紹良也面臨著兩難抉擇,一方面是中央業已形成的孫殿英屯墾青海的成命,另一方面是孫殿英之行可能導致的西北民族矛盾、社會問題的爆發。如若孫殿英屯墾青海既成事實,則西北亦或面臨西北軍時之局勢,亦即不成,則地方與中央之裂痕則非短期之內所

〔註84〕 《孫殿英致魯雨亭電》(1933 年 6 月 8 日),《孫殿英部青海屯墾檔案史料選》,《民國檔案》,1994 年第 4 期。
〔註85〕 《孫殿英致林森等密電》(1933 年 6 月 17 日),《民國檔案》,1994 年第 4 期。
〔註86〕 《馬麟致林森等密電》(1933 年 6 月 30 日),《民國檔案》,1994 年第 4 期。
〔註87〕 《汪精衛致馬麟密電》(1933 年 7 月 3 日),《民國檔案》,1994 年第 4 期。
〔註88〕 《馬麒致林森等電》(1933 年 7 月 5 日),《民國檔案》,1994 年第 4 期。
〔註89〕 《馬麒致汪精衛電》(1933 年 7 月 7 日),《民國檔案》,1994 年第 4 期。
〔註90〕 《行政院致青海省政府電》(1933 年 7 月 9 日),《民國檔案》,1994 年第 4 期。
〔註91〕 《汪精衛致朱紹良等電》(1933 年 7 月 13 日),《民國檔案》,1994 年第 4 期。

能彌合。因此對於孫殿英西行之舉，無論其成敗與否，都不可避免地要改變西北地區的政治、民族格局，影響中央對於西北之經營。因之，此種情況之下，朱紹良亦電呈中央，力陳利弊，懇請中央收回成命。朱紹良在呈文中分析「大軍過境，供應自難，軍民交困，倘因糧食問題而啓主客之爭，尤滋紛擾，且民眾要求再四，情詞迫切。可否明令孫部從緩西移，或予另調，以蘇民困而免糾紛」。〔註92〕如若「釁端一啓，則不特三省地方均糜爛，而西北全域亦不堪設想」。〔註93〕在其授意之下，寧夏省政府全體委員也懇請「政府俯鑒徵微，准予即日辭去本兼各職」，〔註94〕

至此，甘寧青三省上下聯合拒孫入境之勢業已明朗，國民政府不得不爲之重新考慮。值此關鍵時刻，馬鴻逵致電中央黨部、各院部長、各委員會、各省省長、省黨部、各綏靖主任、各總指揮及全國各發團、報館「准免其本兼各職」，〔註95〕馬麟此時也提出「若因寧夏省委之辭職，遽蒙告退之思，跡近放棄，徒貽鈞座西顧之憂，目睹危機禍誠不測，麟等實難負此責任，惟有通電辭職，以謝國人」。〔註96〕青海民眾此時亦致電行政院「孫殿英大軍西進，震驚三隴，西北民眾知大禍臨頭，團結拒絕。寧犧牲一切皆不所惜，形勢緊張，邊圉垂危。萬懇俯順請令調他防，以奠邊局而固人心，西北幸甚」。〔註97〕

此勢之下，南京政府不得不收回成命，明令孫殿英部「停止西進，暫住原地，再待後命」。〔註98〕

但此時孫殿英西行已成開弓之勢，孫馬之戰已是在所難免。1934 年 1 月 10 日，孫殿英在走投無路情況之下被迫下達總攻擊令，孫馬之戰正式爆發。

在整個孫殿英事件中，南京政府態度之轉變是一關鍵因素，對於其轉變之原因，在楊永泰致汪精衛電中有詳細之分析：

> 據程克回報，程在包曾見閩粵兩方用印委孫爲西北邊防督辦，各名目之任狀及唐親函。將來一經激戰，實曾中央西顧之憂，況西

〔註92〕《朱紹良等值林森電》（1933 年 9 月 21 日），《民國檔案》，1994 年第 4 期。
〔註93〕《朱紹良致汪精衛電》（1933 年 10 月 14 日），《民國檔案》，1994 年第 4 期。
〔註94〕《寧夏省政府委員羅震等致行政院電》（1933 年 10 月 14 日），《民國檔案》，1994 年第 4 期。
〔註95〕《馬鴻逵致中央黨部電》（1933 年 10 月 13 日），《民國檔案》，1994 年第 4 期。
〔註96〕《馬麟致汪精衛電》（1933 年 10 月 19 日），《民國檔案》，1994 年第 4 期。
〔註97〕《青海民眾拒孫請願大會致行政院電》（1933 年 10 月 27 日），《民國檔案》，1994 年第 4 期。
〔註98〕《汪精衛致朱紹良等電》（1933 年 11 月 16 日），《民國檔案》，1994 年第 4 期。

北臨俄，而川甘接壤，赤焰未消，中央鞭長莫及孫挾數萬之眾，萬
一求生不得，假借共產牽動國際，禍患不堪設想。且新疆內戰，時
起時報，不若將計就計，即由中央明令任孫以新疆之事，令甘寧准
予通行，所部既有生路，（孫）當必感恩遇，轉而遵命安邊。〔註99〕
南京方面雖則明令孫部原地駐防待命，但對於孫部此時只是處於防範之心態，
並未在軍事、政治上給予打擊。此從之後孫殿英給汪精衛電文中亦可知曉：

竊職部開赴沃野屯墾，部隊於行進期間被寧夏省軍截擊，情形
當於元電稟報在案，計蒙垂察。竊念職部抗日歸來，奉令屯墾，原
期早達青西，以報鈞命，不意馬主席竟於部赴汝途中伏兵截擊，蔑
視公理於此爲甚，以乞鈞座嚴電制止馬主席，勿再截擊爲惑。〔註100〕

對於孫部行動，朱紹良與諸馬請求中央明令討伐，而蔣介石對此卻遲遲不予
表態。馬步芳在 1934 年 1 月 17 日，致電汪精衛「此次孫殿英部違命西進，
職奉朱主任之命率隊截擊，……鈞座眷念三隴民族處於水火，務祈請蔣委員
長撥來飛機二架以寒敵膽而掃凶氛」。〔註101〕由馬電可知，但是中央之態度尚
處於搖擺之中，諸馬只是奉朱紹良之命截擊孫殿英，於理於法尚存在諸多不
便。爲此，馬鴻逵亦電請中央明令討伐。且派其財政廳長梁敬錞赴南京晉見
蔣介石，當談及諸馬截擊孫部，梁向蔣介石詳陳中央明令討伐之理由：

邊遠地方所以鎮壓異動者，中央威令耳，孫殿英屯墾青海，係
奉中央命令，今孫未解職，而寧夏竟伐之，則犯中央者將是寧夏，
而非孫殿英，似有未便，且當日中央所以命令孫殿英屯墾青海者，
似別有政治因素，今此因素已經消滅，而殿英又方與福建人民政府
叛逆之徒公然勾結，故殿英亦有可免之理由，若中央免孫職後，殿
英仍要西進，則寧夏青海有守土之責，出兵去孫，更將有名。〔註102〕

蔣對於梁此番言論，並未即下表態。1934 年 1 月 24 日，朱紹良攜馬鴻逵、馬
麟、鄧寶珊、馬鴻賓、馬步芳、魯大昌等聯名通電各方，一致要求中央「聲
罪致討，俾正國法而遏亂源」，〔註103〕此情之下，孫殿英亦連電中央，聲稱「此

〔註99〕《楊永泰致汪精衛電》（1933 年 12 月 31 日），《民國檔案》，1994 年第 4 期。
〔註100〕《孫殿英致汪精衛電》（1934 年 1 月 15 日），《民國檔案》，1994 年第 4 期。
〔註101〕《馬步芳致汪精衛電》（1934 年 1 月 17 日），《民國檔案》，1994 年第 4 期。
〔註102〕梁敬錞：《單車衝圍記》，臺北《傳記文學》，第 9 卷，第 1 期，第 18～22 頁。
〔註103〕《朱紹良等致各方通電》（1934 年 1 月 24 日），《民國檔案》，1994 年第 4 期。

次寧方違背中央意旨，蔑視公理正義」，〔註104〕雙方之間電文往來，一時間中央難以斷決。關鍵時刻，何應欽的一則電文成了蔣介石最終決定棄孫援馬的關鍵：

> 查分會規定孫殿英部之編制共爲步兵七團及重迫炮、工兵各一營，輜重一連，每月經費二十二萬餘元。現該部私自擴充計轄步兵一一七至一二零共四個師，另一補充旅，騎兵一、二、三三師，一、二、三三旅，另一獨立團又炮兵團，總計實有兵力計步兵二十五個團、騎兵約十六團、炮兵一團，超過規定編制六倍以上。〔註105〕

接何應欽電後，南京政府不得不對孫殿英一意西進之意圖重新考慮，再加上西北軍政當局及廣大民眾之一致反對，行政院於 1934 年 1 月 31 日下達命令「現經本院第一四五次會議決議：（一）青海西區屯墾督辦公署即撤銷。（二）孫殿英著免去青海西區屯墾督辦兼職」。〔註106〕北平軍分會下令免去孫殿英北平軍分會委員，第 41 軍軍長，第 41 師師長等職。〔註107〕與此同時，汪精衛覆馬步芳電「孫部攻寧，懇撥機繼續協擊一案，經函准軍委會覆開，已派機四架前往參加」，〔註108〕關鍵時刻，蔣介石對孫殿英之態度亦開始明朗「中央屯墾西區之令甫下，而甘寧青呼籲之聲群起，中央俯順民情，明令原地整理，乃孫軍擅自進軍，圍攻平羅，猛襲省城，雖遭馬軍堅拒，未遂所圖，而人民飽受炮火荼毒矣。希即率所部退出磴口以北地區，並遵照備案編制，切實編遣」，「查四十一軍軍長孫魁元，業已免職，所有四十一軍所屬步兵部隊，著旅長綎庭、劉旅長月亭負責指揮，各編成三團，所屬騎兵部隊，著交由於副軍長世銘負責指揮，並編成三團，均歸軍分會管轄，退集磴口以北地區，切實整理」。〔註109〕至此，國民政府政治風向完全爲之一轉，明確表示支持諸馬，開始對孫殿英部進行打擊。

〔註104〕《孫殿英致中央黨部等電》（1934 年 1 月 25 日），《民國檔案》，1995 年第 1 期。

〔註105〕《何應欽致蔣介石等電》（1934 年 1 月 30 日），《民國檔案》，1994 年第 1 期。

〔註106〕《行政院撤銷西墾督辦公署免孫督辦兼職電鎬》（1934 年月 31 日），《民國檔案》，1994 年第 1 期。

〔註107〕《孫殿英軍西開寧夏發生激戰》，《時事月報》（南京），第 10 卷，第 3 期，1934 年 3 月，第 68 頁。

〔註108〕《汪精衛覆馬步芳電稿》（1934 年 2 月 21 日），《民國檔案》，1995 年第 1 期。

〔註109〕師綸：《西北馬家軍閥史略》，《甘肅文史》編輯部：《甘肅文史》1989 年第 5 期，第 52 頁。

3 月 20 日，孫殿英戰敗通電下野，26 日離開部隊，孫部土崩瓦解，至 3 月底，寧夏戰事告靖，孫馬之戰最後以孫殿英通電下野宣告結束。

二、國民政府對甘青民族政策之思考

在拒孫運動中，無論是青海方面還是寧夏方面，都有借助民族宗教上之壓力促使南京政府改變初衷之意圖，但是，在拒孫的整個過程中，民族問題始終沒有顯現，雖則言語之中都含其意，但實際過程中，各方都還是盡力避免問題複雜化，給對方以口實。

對於青海、寧夏方面而言，其要盡可能地維護地方之安定，在不危及及自身生存條件之下，其決不輕易打出民族牌。因為如若地方民族問題發生，一則為南京方面介入找到藉口；二則，如若處理不當，再崛起新的民族力量，勢必也會對其統治構成威脅；三則，諸馬苦心經營青海、寧夏多年，多以桑梓視之，非到萬不得已，是不會採用如此之策。

因此諸馬在此次事變中亦是儘量避免民族問題的顯現和複雜化。馬鴻逵後來曾經對此發表言論：

現在仍有人想拿漢回問題來要挾中央，這些人並不想時代和時代不同，現在的時代，已不是從前的時代了，如果仍打算以從前的手段，來利用回教團體要挾中央，絕對做不通的，中央對此買空賣空的手段，應當不理為是。〔註110〕

其後，馬鴻逵又告誡說「切莫買空賣空，無事生事」，「更希望中央同西北回漢民眾有深切的瞭解，就決不至於再發生任何事件」。〔註111〕

在孫殿英屯墾青海事件的前後過程中，南京方面先誤於對西北民情之不熟悉，結果毅然決定，斷無更改。此舉引起諸馬強烈反對，諸馬一方面以馮玉祥國民軍入甘所致西北民族關係之惡化、地方之糜爛來提醒政府，另一方面利用回漢蒙藏各民族群眾向南京施壓，甚至最後提出辭職。而國民政府則始終不為其所動。只是隨著國內政治形勢的好轉以及西北地方穩定值考慮，最後才取消成命。而此時的孫殿英已是不得不發，因之孫馬之戰勢所難免。

孫馬之戰，雖則最後以孫殿英敗北告終，但是戰爭給地方上帶來的破壞及民生問題，則非戰後短時間內所能消除。特別是戰後諸馬實力並未為之削

〔註110〕馬鴻逵：《西北兩大問題》，寧夏省政府秘書處，1934 年，第 6～7 頁。
〔註111〕馬鴻逵：《西北回漢問題之解剖》，寧夏省政府秘書處，1936 年，第 9 頁。

弱，相反得到了進一步的強大，由是國民政府不得不重新審視其西北民族政策，並開始採取措施藉以彌補此前之失誤。

此後國內外局勢開始轉變，亦是促使國民政府重新審視制定其西北民族政策的一個重要因素。其一，日本侵略中國之野心日益顯露，華北地區岌岌可危，東南形勢亦是危機四伏。其二，隨著中國共產黨活動中心北移，其嚴重影響著國民政府在西北的統治。因此此兩者也成爲影響國民政府西北民族政策的重要因素。再加上國民政府對西北地方的重新認識，因此國民政府接下來就開始了對其西北民族政策的調整。

對於國民政府怎樣進行西北民族政策之調整，當時曾有學者指出：

> 爲要使西北各民族的政治、經濟、文化生活由落後形態到進步的形態，必須刷新宗教本身的落後條件，倡導一種廣泛的宗教改革運動，而不應當無條件的利用宗教在邊疆民族間的支配力來作爲籠絡邊疆民族的工具。所以目前對西北各民族信仰的宗教，已經成爲急迫需要改革的對象，除過積極的改革宗教外，必須並行的倡導自然科學。〔註112〕

但是囿於諸多因素，國民政府並未能在民族政策上採取什麼切實之行動，繼續沿用舊有的民族政策及統治手法，只是在先前基礎上做了轉變。

其一，政治上，加強對西北民族地方勢力的安撫懷柔。孫馬之戰後，馬步芳被任命爲陸軍第一百師師長，不久又升任陸軍新編第二軍軍長，馬步青被任命爲陸軍新編騎兵第五師師長，馬鴻逵亦趁機把孫軍投降一旅整編爲兩個警備大隊，還從河州招來一騎兵旅。將寧青兩省軍政大權交由諸馬，另一方面派出戴季陶、宋子文等人到西北以視察水利、交通、教育、農業之名，消除諸馬在孫殿英事件上對中央的牴觸情緒。1934年10月，蔣介石攜宋美齡親自飛抵西北，親自召見諸馬，以示羈縻籠絡。

其二，經濟上，1933年12月，國民黨四屆三中全會決議通過《開發西北方案》，決定在國民政府行政院設西北拓殖委員會，下設國道、勸業、採礦、墾殖四局，主持西北開發具體事宜。1934年國民政府全國經濟委員會派員從南京出發到西北考察農業、畜牧業和社會經濟，擬定開發西北農業的計劃。1934年6月，國民政府全國經濟委員會通過《西北建設實施計劃及進行程序》，從公路、水利、衛生防疫、農村建設四個方面開始實施。並在補助

〔註112〕溫華莎：《泛論西北民族問題》，《西北論衡》，第7卷，第1期，1939年1月。